Peter Meis

Als die Zeit stillzustehen schien …

Peter Meis

Als die Zeit stillzustehen schien …

HILLE VERLAG

Impressum

Bibliografische Information der Deutschen Nationalbibliothek
Die Deutsche Nationalbibliothek verzeichnet diese Publikation in der Deutschen Nationalbibliografie; detaillierte bibliografische Daten sind im Internet über http://dnb.dnb.de abrufbar.

Peter Meis:
Aus der Zeit gefallen

Gesamtherstellung:
Druckerei & Verlag Fabian Hille, Dresden
www.hille1880.de
Printed in Germany

ISBN 978-3-947654-28-4

Inhalt

Teil I

Das unglaubliche Frühjahr 2020

Tagebuch

Es ist Karfreitag, Höhepunkt der stillen Woche. Viele haben den eigentlichen Sinn der Passionswochen zum ersten Mal wahrgenommen. Ein hervorragender ARD-Gottesdienst aus der Unterkirche der Frauenkirche. Außergewöhnlich auch: Ein Osterbrief des Ministerpräsidenten, eine Videobotschaft mit ihm und den beiden Bischöfen aus der Kreuzkirche. Am Karsamstag wird sich der Bundespräsident an die Bevölkerung wenden. Die erschütterndsten Bilder freilich kommen heute aus New York, dort werden Särge aus einfachem, hellem Holz mit Gabelstaplern in Massengräber geschichtet. Anders ist die Sterberate nicht mehr zu bewältigen. Deutschland zählt heute 2400 Tote, weltweit sind es über 200000. Dabei wissen wir nicht, ob wir schon auf dem Scheitel der Pandemiewoge schwimmen oder erst noch zu ihm hochgetrieben werden. Indes leuchten auch die ersten Hoffnungszeichen auf: Die Infektionsrate verdoppelt sich nur noch aller 15 Tage, das bedeutet eine Verlangsamung der Ausbreitung. Wird Ostern auch in dieser Hinsicht zu einem Wendepunkt?

Trotz aller Unruhe hat sich auf eine seltsame Weise Gewöhnung eingestellt. Dabei sind die öffentlichen Einrichtungen noch nicht einmal vier Wochen geschlossen. Aber schon verschwimmen die Erinnerungen. Auch deshalb beginne ich diesen Text, nun zum zweiten Mal. Gleich dem Virus, das unter großen Verlusten alle bisherigen Erfahrungen neu überschreibt, habe ich den ersten Entwurf gelöscht, aus Versehen, aber restlos. Die Rekonstruktion geschieht mithin aus der Sicht des 10. April.

1. Schwellende Dynamik

Ahnungslos begann das Jahr, die ersten beiden Wochen für uns in Thailand. Noch während des Familienurlaubs im Allgäu haben wir die Nachrichten aus China nur nebenher wahrgenommen, verblüfft über den rasanten Neubau eines Krankenhauses in Wuhan – wie auf einem Ameisenhaufen 30 Bagger, unter die Haut ging das noch nicht. Beiläufig gestehen einige, zum Jahreswechsel beängstigend geträumt zu haben. Am 2. März brechen wir in den Spreewald auf, um eine zweite Enkelradtour zu planen, online waren alle Quartiere seit langem belegt.

Bald verdichten sich die Nachrichten. Das Virus ist in Europa. Norditalien, von Ischgl in Tirol ist hier noch nichts bekannt. Nur ein Antikhändler in Grünhainichen, wir hatten am **4. März** einen Ausflug dorthin unternommen, klagte über mangelnden Besuch – „sicher wegen des Virus“. Preiswert ersteht Rita dafür zehn Engel.

Am folgenden Doppelkopfabend, sodann dem Weltgebetstag und einem Ausflug mit Ks nach Hirschfeld zum Konzert treffen wir uns noch unbefangen, obwohl das Virus in aller Munde ist. Am Sonntag in Chemnitz drücken wir das Geburtstagskind demonstrativ, auf dem Rückweg Sauna. Auch zu unserem Hochzeitstag, am **8. März** essen wir noch ungestört auf der Götzinger

Höhe bei Neustadt. Abends freilich, beim Posaunenchor, geben sich nur noch Wenige die Hand.

Die ersten Verhaltensregeln (Abstand, Händewaschen, keine Großveranstaltungen über 500 Teilnehmer) werden bundesweit ausgegeben – ein Thema natürlich auch bei Elises Geburtstagskaffee am **11. März.** Einen Tag später, am **12. März,** empfehle ich, auf die Abendmahlsfeier in der Kreuzkirche am Sonntag Okuli zu verzichten. Eine Debatte über Sonderformen war wenige Tage zuvor angestoßen worden. Rita weiß noch nicht, dass sie vorerst das letzte Mal im Diako war, noch berät das Team, in welcher Form die Bibliotheksarbeit fortgeführt werden soll. Ich schließe meine Physiotherapie ab.

Am Freitag, dem **13. März,** schließt das Kreuzgymnasium wegen eines Infektionsfalles. Alle mutmaßen, dass das bald auch andere Schulen und KITAS betreffen könnte. Wir gehen noch mit Ns auf den Katzstein wandern. Auf der Fahrt dorthin überlegen wir kurz, das Ziel in Richtung Kaltenberg zu ändern. Am Morgen war bekannt geworden, dass ab Samstag die Grenzen nach Tschechien geschlossen werden, Zigarettenkäufer müssen Schlange gestanden haben. Am Abend wird die Vesper, die ich am kommenden Sonnabend zu halten habe, abgesagt. Zu unübersichtlich die Besuchersituation.

Jetzt überholen sich die Nachrichten stündlich. Ich besuche am Sonnabendmorgen, **14. März,** die Klausursitzung des Kirchenvorstandes, um zu beraten, wie mit dem Gottesdienst verfahren werden soll. Gleich zu Beginn wird der druckfrische Beschluss der Kirchenleitung bekanntgegeben: alle Gottesdienste sollen entfallen. Nur Glockengeläut, womöglich ein Seelsorgeangebot und Erklärungen in der offenen Kirche. Die Landeskirche bietet den ersten Livestream-Gottesdienst mit dem Landesbischof an. Ich hingegen kann zum Geburtstagsbrunch am **15. März** pünktlich kommen. Drei unserer Enkel hatten gemeinsam eingeladen. Es war das letzte größere Treffen, schon ohne Ps wegen möglicher Gefährdung. Als ich abends Magda in den Reginenhof bringe, darf ich nicht mehr hinein. Für Eltern und Gäste ist die Einrichtung gesperrt. Eine Woche später wird die Werkstatt für behinderte Menschen schließen und die Bewohner mit einer Anleiterin im Reginenhof arbeiten. H und G fahren vorsichtshalber schon am Montag nach dem Frühstück zurück nach Berlin.

Von diesem Tag an, es ist der **16. März,** sind alle sächsischen Schulen und KITAS geschlossen. In drei Übergangstagen sollen Lehrer und Erzieher eine Notbetreuung und PC-gestützte Lernprogramme entwerfen. Bald darauf widerfährt Gleiches den Universitäten. Wir lassen auf dem Bahnhof Fahrkarten und anschließend verschiedene Konzertkarten stornieren, freundlich gehen alle noch davon aus, dass die Umwandlung in Gutscheine eine angemessene Lösung ist. Ich werde zum Blutspenden trotz seltener Gruppe nicht mehr zugelassen – Erstspender nur bis Sechzig.

Am **18. März** unternehmen wir mit Ks noch einen Ausflug ins Triebischtal. Dort erfreuen uns nicht nur der Bärlauch und menschenleere Wege, sondern auch eine überraschende Einkehr in der Dietrichmühle. Schnell hatte der Wirt noch geöffnet, ahnend, dass das die letzten Einnahmen sein könnten. Indessen wird das Unheimliche der Lage immer greifbarer, nun gibt es auch erschreckende Nachrichten aus Spanien. Nur Donald Trump und Boris Johnson spielen die Lage arrogant herunter.

Zu Hause hören wir eine außergewöhnliche Rede Angela Merkels. Im Angesicht des Ernstes der Lage bittet sie nicht nur freundlich und klar um Verständnis und Disziplin, sondern erläutert die Notwendigkeit der Maßnahmen von Bund und Ländern zur Rettung von Menschenleben. Der Begriff „Risikogruppe" macht die Runde. Ich streiche in dieser Woche nahezu alle Termine in meinem Kalender; die Absage aller Gemeindeveranstaltungen bis auf Weiteres bedeutet für mich, mehrere Vorträge und Andachten in der Schublade verschwinden zu lassen. Die Absage des Rätewanderns am Sonnabend macht schmerzhaft bewusst, dass nun auch persönliche Begegnungen ein Ende haben müssen.

Ab dem **22. März,** es ist Lätare (Klein-Ostern), treten die von der Kanzlerin angekündigten Einschränkungen bundesweit in Kraft. Erschütternde Bilder erreichen uns, besonders schlimm aus Bergamo in Norditalien. In Dresden werden die Daumenschrauben im Blick auf Ausgangseinschränkungen schärfer angezogen als in anderen Kommunen. Überhaupt sorgt die föderal bedingte Ungleichheit in den Ländern gelegentlich für Unmut. Insgesamt aber ist die Bereitschaft der Bevölkerung, sich darauf einzulassen, groß – sicher in einer Mischung aus Vernunft und unterschwelliger Angst, die Nachrichten aus den südlichen Nachbarländern von Österreich bis

Spanien sind besorgniserregend. Wir versorgen in Abständen Ls, die freiwillig in Quarantäne gegangen sind, mit frischem Gemüse, verrichten manches im Haushalt (ich putze die großen Fenster) und gehen viel spazieren. Immer mehr gleichen sich die Tage. Am **24. März** gehen wir zum letzten Mal auf den Markt, da er voraussichtlich geschlossen wird. Das ist so empfindlich und düster (auch wenig plausibel, solange Supermärkte offen sind), dass wir aufatmen, als er vor Palmarum wieder öffnen kann. Mit der Zunahme heimischen Kochens treten kleinere Engpässe auf, Hefe und besondere Mehlarten, mancher Hamsterkauf von Klopapier wird zum öffentlichen joke. Das Sterben der beiden Schwestern von E führt uns vor Augen, wie empfindlich die Reduktion der Teilnehmer (maximal 15) bei Beerdigungen ist und wie sich die Bestattungskultur insgesamt wird wandeln müssen.

Meine letzte Aufgabe ist ein Gottesdienst in der Diakonissenanstalt am **29. März,** Judika. Vor leerer Kirche, aber mit wunderbarer Kirchenmusik. Parallel zu dem dritten Livestreamgottesdienst in Hosterwitz mit OLKR Pilz geht es hier um die Übertragung in die Patientenzimmer und Einrichtungen. Danach ist mein Kalender leer bis Pfingsten – vorerst. Zwei Monate tabula rasa, dünne Bleichstiftstriche liegen über Geburtstags-, Konzert- und dienstlichen Termineintragungen. Dass auch vier Tage Prag mit meinen Geschwistern entfallen müssen, bedarf zum Sickern mehrerer Telefonate. Diese Miniaturerfahrungen entsprechen dem Großformat der Streichungen aller Konzert- und Sportveranstaltungen, zuletzt auch noch der Olympiade. Nur die Spülmaschine ist täglich im Dienst.

Am Montagmorgen dann, **30. März,** gehen wir über die Rockauer Höhen. Es ist kalt, Nachtfröste haben den allzu kecken unter den Tulpenbäumen böse zugesetzt. Die Obstbauern bangen um die Baumblüte, in Berlin schneit es. Hier oben aber ist es unwirklich schön. Blauer Himmel, Sonne und Schneereste auf den Wiesen. Der Blick schweift vom Schneeberg bis zum Meißner Dom. Das Land liegt seltsam still, geräuschlos. Untypisch diese dörfliche Lautlosigkeit, kein Hundebellen oder Kreissägen. Nur zwei Kinder spielen in einem Hof. Auf dem verlassenen Spielplatz ein Schild: Geschlossen. Auch vor dem Hosterwitzer Hofladen nötigt uns ein Zettel an der Tür, zu warten: „Wegen der aktuellen Lage bitte nur drei Personen im Laden aufhalten".

Dieser Eindruck wird sich bis Ostern vervielfachen. Fast täglich machen wir einen Ausflug. Zu Fuß oder mit den Rädern, immer etwas Kuchen und eine Thermoskanne Kaffee dabei. Die nahe Umgebung Dresdens erschließt sich anders. Das Wetter ist wunderbar, nach Palmarum wird es warm. Dennoch ist die Welt wie eingefroren. Die äußerlich oft wie Urlaub wirkenden Tage haben es in sich. Stumpf tropfen sie vor sich hin. Freude über die vielen schönen Touren stellt sich nur verhalten ein. Obgleich wir auch neue Orte (die Südhöhen) und vergessene (den Kohlgraben) wiederentdecken, der Stillstand ist zum Grundempfinden geworden. Der Eindruck geschlossener Geschäfte in leeren Städten erinnert mich manchmal an Impressionen während der

DDR-Zeit, die Ödnis an Novemberwochenenden in Oberseifersdorf.

Am **1. April** keine der üblichen Scherze. Auch heute erinnern wir uns, dass für den Abend ein Konzertbesuch im Kalender steht. Dafür richten wir in den folgenden Tagen die Plattform des Skypens ein und starten erste Versuche mit Freunden und Kindern. Für den **4. April** verabreden wir einen Gesprächsabend mit Ls. Über zwei Stunden währt dieses virtuelle Treffen, Wein- und Redseligkeit korrespondieren, lange haben wir nicht hin und wieder so gelacht. Das spezielle Format, bei dem es keine Nebengespräche geben kann, gefällt uns so gut, dass wir einen zweiten Abend für den **7. April** verabreden. Der beginnt mit Telefonaten, meine Geschwister feiern heute den Geburtstag, den wir in Prag verbringen wollten. Beim abendlichen Skype-Gespräch reden wir auch sehr offen darüber, wie es mit unserer Bereitschaft zum Sterben steht.

Eine weitere Zäsur am **5. April,** Palmarum: wir haben Gottesdienste im Dresden-Fernsehen (Kreuzkirche) und Livestream (Hosterwitz) gesehen, David zu Gast gehabt und etwas verdeckt mit Bs im Garten gesessen. Jetzt fassen wir uns ein Herz, Magda sollte über Ostern besser nicht zu uns kommen. Voraussichtlich würde sie wochenlang nicht zurück können. Ich telefoniere fast eine Stunde mit ihr und Herrn U. Er scheint entlastet, Magda weint. Auch uns geht das an die Nieren. Wir wissen, dass wir damit auch eine Situation vorwegnehmend üben, die ohnehin einmal kommen wird. Magda ist aber im Reginenhof so gut aufgehoben, dass sie es, so der Eindruck vom Montag, ganz gut unter die Füße zu kriegen scheint.

2. Stimmungen und Gemütslagen

Seit Beginn der Krise beginnt unser Tag mit dem Deutschlandfunk als Frühstücksbegleiter. Den Abend läuten die TV-Nachrichten ein, fast immer durch ein ZDF-Spezial ergänzt. Drei Viertel aller Nachrichten betreffen die fortschreitende Pandemie, optisch ist das Signal dafür eine Art stumpfstacheliger Massageball. Präzise werden die Zahlen der Neuinfizierten, der Todesfälle und seit April auch die der Geheilten aufgezeigt. Jeder weiß aber um die Vorläufigkeit dieser Statistiken, es geht um Tendenzen. Das Robert-Koch-Institut wird zum Seismograf der Nation. Wir brauchen diese Nachrichten, trotz stoischer und auch langweiliger Wiederholungen. Anders wäre es unmöglich, die Realität als solche zu begreifen. Den „Ausweis der Risikogruppe" im Portemonnaie, leben wir in einem goldenen Käfig. Wie alt gewordene Vögel, grau gefiedert, gesichert, gesund, zu zweit, komfortabel – nicht nur, was die Wohnung betrifft. Aber eben vergoldete Gitter, die Schwingen lassen sich nicht mehr so leicht heben. Wir leiden indes auch darunter – und ärgern uns über diese Selbstbezogenheit. Die Dankbarkeit im Kopf über unser Wohlergehen will nicht so recht ins Herz. Der ungebetene Egoismus macht uns zu schaffen. Manchmal müssen wir uns Mühe geben, den inneren Aufruhr nicht mit feinen Nadelstichen weiterzureichen, weil es eben keine anderen Adressaten mehr gibt. Mehr noch als das öffnende Miteinander gegenseitiger Besuche fehlt das Herzen und Sehen der Enkelkinder, eine Erfahrung, die wir mit fast allen Großeltern teilen. Jede Begegnung auf Spaziergängen oder Radtouren durch die Heide ist wie eine Pause in einem warm sprudelnden Whirlpool.

So sehr das Empfinden aller den gemeinsamen Einschränkungen gilt, so unterschiedlich ist es auch. Vielen gelingt es, den kleinen Radius wenigstens phasenweise miteinander oder für sich selber zu nutzen, womöglich sogar als eine wohltuende Einkehr zu genießen. Andere, so ahnt man wenigstens, führt die Gefangenschaft in Zerreißproben. Wie Rita leiden wohl die meisten an den sozialen Entzugserscheinungen. Als nähme man einen Fisch aus seinem Element, dem Wasser, so fehlt das stützende und elastische Element des Austausches und der Berührung. Die Nötigung, auf den Flossen zu stehen, führt zwangsläufig zum Stürzen. Oft ist gar nicht durchsichtig, woher die Niedergeschlagenheit rührt. Mir macht der Abstieg des Ruhestandes in den Stillstand zu schaffen. Die äußere Bewegungslosigkeit führt auch zu der des Denkens. Nach einer Phase lähmender Leere entschließe ich mich, doch ein paar Eindrücke aufzuschreiben.

Ich gehöre zur Risikogruppe. Das bedeutet: Es gibt buchstäblich nichts mehr zu tun. Mit dem Tun verliert sich auch die Beweglichkeit des Geistes. Ich werde nicht gebraucht. Ich muss, ja darf mich nicht sehen lassen. Auf diese Weise wächst die Einsamkeit. Ich fürchte sie nicht, aber sie lähmt auch. Ich habe kein Gefühl dafür, was ich gern tun und lassen will, wenn die Welt sich wieder beleben wird. Wir ertappen uns dabei, Schwachstellen aufzubrechen, über die Gras gewachsen schien. Manchmal taucht Angst auf, um Magda, David, Marie, Hans oder Rita, aber wie im Nebel. Der Mantel der Zusammengehörigkeit, den die Krise zum Hineinschlüpfen bereithält, will nicht recht wärmen. Die Lust auf Telefonate nimmt ab, obwohl sie im wahrsten Sinne des Wortes Rückrufe sind, die an das Netz der Gemeinschaft binden. Ohne Groll an mich selbst gewiesen, stellt sich der Trialog von Nutzen, Sinn und Rechtfertigung erneut ein. Nur existentieller und altersentsprechend, eben Risikogruppe.

Zunächst schreibe ich gegen meinen inneren Widerstand, schnell genug werden umfassendere Reflexionen auf dem Markt sein. Dennoch, unser eigenes Erleben zu fixieren, scheint mir zu helfen. Zudem beginne ich eine Reihe kleinerer Dialog-Texte, die bezüglich der Krise akute Themen aufgreifen, auch das hilft mir zur Bearbeitung der Zeit.

3. Auseinandersetzungen und Themen

Interessant ist die Wortwahl dieser Wochen. Als erster hat der französische Präsident Macron vom Krieg gesprochen, Trump wird ihm folgen. „Wir sind im Krieg“. Seither ist die militärische Rhetorik vom unsichtbaren

Feind, dem Kampf gegen oder dem Sieg über das Virus allgegenwärtig. In Feldherrenmanier präsentieren sich einige Präsidenten als Krisenmanager und riskieren damit, als Gewinner oder Kapitulierende vor ihren Heeren zu stehen. In wohltuendem Gegensatz dazu steht der ernste, aber fürsorgliche Tonfall Angela Merkels oder des Bundespräsidenten Frank-Walter Steinmeier. Letzterer sagte am Karsamstag „Die Pandemie ist kein Krieg, sondern eine Prüfung unserer Menschlichkeit".

Zu Beginn der Krise schwirrte es allerorten durch die Luft: „irgendwie unwirklich". Wirklich dagegen ist der „Ausnahmezustand". Auch wegen seines globalen Ausmaßes immer mehr englische Begriffe: Shut-down, look-down, natürlich hat „Apokalypse" Konjunktur. Überhaupt war es die Stunde nicht nur vieler Sonntagsredner. Gleich nach den gefragten Virologen meldeten sich Berater, Philosophen und Zukunftsforscher zu Wort. Die Krise könne auch unter dem Gesichtspunkt der Pause, der heilsamen Unterbrechung, als eine Art Katalysator, Reinigung oder Therapie betrachtet werden. Auch die Kirchen stimmten ein, sie hatten ja den Vorzug, sich auf ihre ureigenen Themen des Fastens, der Passion und des Verzichtes berufen zu können. Viel Nachdenkliches, Ernstes, aber auch Naseweises gibt da zu denken. Mich reizen Gerichtsprediger zu folgender Notiz:

Auf die Frage frommer Grübler, ob die Pandemie ein Gericht sei, würde ich zu einem ***Teekessel raten.***
Mein TK ist die Hölle // Meiner ist himmlisch

Mein TK schlägt auf den Magen // Meiner geht (wie die Liebe) durch den Magen
Mein TK ist siedend heiß // Meiner kann auch unter dem Gefrierpunkt erfrischen
Meinen TK verantwortet der Weltenherrscher // Meinen die Küchenchefin
Mein TK ist eine Strafe // Meiner eine Belohnung (meistens)
In meinem TK steckt „richtig, gerade, recht" // Bei meinem kommt es auf das „An- und Herrichten" an
Lösung: *Bei jedem Gericht geht es um die Frage: Was hast Du da angerichtet? Bekömmlich ist es, weil Gott uns nicht hin-, sondern herrichten will. Also schön machen. Das richtet auf.*

Irgendwie ist es auch aufregend, Zeugen einer Erschütterung zu werden, die es seit dem zweiten Weltkrieg nicht gegeben hatte. „Nie dagewesen, beispiellos, lernen ohne Vorerfahrung" – so wird das, was uns bevorsteht, oft beschrieben, beschworen, kommentiert. Und wie so oft ist auch hier das Grauen nicht ganz ohne Lust.

Flankierend dazu blüht der Witz. Die ohnehin etablierten Plattformen der WhatsApp-Gruppen und anderer Kanäle melden sich stündlich mit herrlichen Cartoons, Videoclips und Sprüchen. Die Freude am Weitergeben zeigt auch, wie gut die Heiterkeit uns tut. Wird es Mediatheken geben, die den Witz dieser Wochen versammeln werden? Solcher Humor ist ja nicht nur in der Lage, vieles licht und leichter zu machen, er hilft auch, sich selber nicht allzu ernst zu nehmen.

Interessant auch, dass plötzlich die AfD kein Thema mehr ist – nicht zuletzt, weil sie selber keines mehr hat. Die Auflösung des rechten Flügels um Höcke (in die Mitte hinein) oder die Teilungsversuche der Partei zeigen aber, wie gefährlich es ist, diesen Vorgängen wie auch den Klimafragen die Aufmerksamkeit zu entziehen. Trockenheit und zu hohe Temperaturen könnten bereits die nächste Krise andeuten.

„Wir werden eine andere Gesellschaft nach der Krise sein". Diese anfängliche Vollmundigkeit, mit der die guten Seiten einer derartigen Krise gepriesen wurden, scheint vorsichtiger zu werden. Aus dem Zentralrat der Katholiken war sogar die kühne These zu vernehmen, die Krise sei „ein Glücksfall der Geschichte". Wer weiß. Ich traue mir keine Prognosen zu. Zu vielschichtig sind die Themen und Tendenzen, die erst nach und nach sichtbar werden. Während in den Tagen vor Ostern öffentlich um den Vorrang des Gemeinwohles vor den individuellen, freiheitlichen Grundrechten des Einzelnen gestritten wird, geht es in der EU sowie in allen Nationen und Bundesländern um finanzielle Rettungsschirme und Hilfsprogramme. Auch die Debatten um differenzierte Exit-Strategien sind notwendig. Viele Kurzarbeitsmodelle, das home-office, die soziale und fachliche Überforderung beim e-learning, vor allem aber die Existenzangst kleiner Geschäfte und Unternehmer möchten so bald als möglich aufhören. Die vielbeschworene Solidargemeinschaft, die „Gleichheit aller vor dem Virus", zeigt sich je länger umso mehr als beklemmende Ungleichheit. Das ganze Ausmaß der Risse, die sich angesichts der Coronakrise in der Gesellschaft auftun, wird erst im Nachhinein zur Betrachtung frei stehen. Niemand weiß, ob der Exit mehr zur Kapitalisierung oder Sozialisierung führen wird, ob wir zarter oder brutaler miteinander umgehen werden.

Von daher beschäftigen mich die Themenkreise:

a) Sofern sich die Gesellschaft als ein Körper, eine Körperschaft versteht: Gibt es Zusammenhänge zwischen der biologischen und gesellschaftlichen Ansteckung? Kann eine offene Gesellschaft gegen die Immunschwäche der Wohlstands-Fallen wirklich Antikörper bilden? Wird sich die kommunikationsreiche Beziehungsarmut unserer medial durchseuchten Gesellschaft nachhaltig ändern? Und welchen Zustand meinen wir, wenn der Wunsch nach Rückkehr in die Normalität immer lauter wird?

b) Was heißt das für die Kirchen? So sehr der mediale Gewinn auf der Hand liegt und offensichtlich auch honoriert wird: ob und welche der althergebrachten Begegnungsformen leicht reaktivierbar sind, steht noch dahin. Werden die, die jetzt den Mangel an körperlicher Nähe lautstark beklagen, Gottesdienste und Veranstaltungen tatsächlich besuchen? Entscheidender aber ist die Frage, ob die Krisenerfahrung eine neue Weise der Spiritualität zu wecken in der Lage ist, oder ob die Dynamik der Säkularisierung ungerührt fortschreitet. Ich vermute Letzteres. Vielleicht ist der auffällige Aktionismus mancher Pfarrer ein Indiz dafür und die Unruhe nicht nur ein Aufmerksamkeitsdefizit. Was bedeutet in dieser Lage Rechtfertigung?

c) Mehr als Statistiken, Exit-Szenarien und Konzepte interessiert mich, welche Geschichten wir erzählen werden. Geschichtsschreibung ist das eine, Erinnerungen das andere. Die Wendeerfahrung zeigt ja Ähnliches wie die Nachkriegserzählungen der Vätergeneration: Wenn wir am Ende (eines Tages, einer Phase, des Lebens) die Bilder sammeln, verschwimmen die Grenzen zwischen einem „so war es", „so könnte es gewesen sein", „so hat es gewesen sein müssen". Ob Dichtung oder Wahrheit ist im Dämmerlicht schwer auszumachen. Übergenaues Wissen weicht dem Willkommen guter Geschichten. Was also werden unsere Kinder und Enkel erinnern, erzählen, vergessen?

4. Das „ganz andere Ostern"

In allen Reden, Ansprachen und Nachrichten wird für dieses Jahr „das so ganz andere Ostern" herausgestellt, bedauernd im Blick auf das, worauf wir alles verzichten müssen. Ich teile den Jammer nicht. Es gibt auch ein beredtes Schweigen. Schon länger machen wir die Erfahrung, dass die erzwungene Reduktion alle Stationen und Begegnungen auch intensiver und schöner macht. Ihr konspirativer Charakter hat seinen eigenen Reiz. Schon am Sonnabend haben wir die Kinderfamilien gesehen, eine in der Heide, die andere im Garten. Mit Magda telefonieren wir neuerdings über Telekamera.

Am Ostermorgen blasen wir zu zweit Osterlieder auf dem Strießener Friedhof, ein paar Besucher erfreut selbst das mittelmäßige Spiel. Unter der aufgegangenen Sonne entzünden wir in der offenen Kirche ein Osterlicht, den einen oder die andere grüßend. Nach dem Osterfrühstück ein großartiger ZDF-Gottesdienst mit Präses Kurschus. Zur Freude auch der Nachbarschaft dann Balkonblasen im Duo der Hausgemeinschaft. Der Wein, den wir mit ihr und später M trinken, verfehlt seine Wirkung nicht. Unter Junitemperaturen spazieren wir ums Wohnquartier und freuen uns an der disziplinierten Sommerlust vieler Familien an der Elbe. Am Abend des Tages auch zwiespältige Eindrücke: In Krisen reden die biblischen Texte anders. Wie schon am Karfreitag lesen sich auch die Ostergeschichten hintersinniger als sonst: *Zu zweit* sind sie auf dem Weg nach Emmaus, dazwischen der Unbekannte (Luk 24,13). *Drinnen* wiederholt der Auferstandene seinen Friedensgruß und löst die Not derer, die freiwillig *eingeschlossen sind* (Joh 20,19). Maria Magdalena darf den Auferstandenen *nicht anrühren,* in der gebotenen Distanz ruht die eigentliche Ostererfahrung (Joh 20,17).

Hart dagegen die Statistik: 2 900 Tote in Deutschland, 14 500 in Frankreich, 22 000 in den USA. Während sich hierzulande die Infektionsausbreitung verlangsamt (Verdoppelung aller zwölf Tage), wächst sie in Russland und an anderen Orten der Welt noch immer rasant. Während in vielen Ländern die Ausgangsbeschränkungen verlängert werden, hoffen hierzulande alle, dass am kommenden Mittwoch die Kanzlerin zusammen mit den Ministerpräsidenten erste Lockerungen (wenigstens im Blick auf den Schulbesuch) beschließen werden; in Spanien darf ab heute wieder zur Arbeit gegangen werden. Der Temperaturbruch heute am Ostermontag, da ich diese Zeilen schreibe, ist eine Wohltat.

5. Die Osterwochen

15. April: Wir unternehmen eine wunderbare Wanderung von Niederwartha aus durch Amsel-, Tännicht- und Kleditschgrund. Kaum Menschen, den Radius von 15 Kilometer leicht überschreitend. Die am Abend mit Spannung erwarteten Nachrichten entsprechen den Erwartungen. Als „zerbrechlichen Zwischenerfolg" beschreibt die Bundeskanzlerin das Ergebnis der Beratungen: Der Einzelhandel kleinerer Geschäfte darf öffnen, Schüler, die vor Prüfungen stehen, sollen diese nach den Osterferien ablegen dürfen. Wie die schrittweisen Schulöffnungen ab dem 4. Mai organisiert werden können, haben die Länder nun vorzubereiten. Die Ausgangsbeschränkungen indessen werden bis zum 3. Mai verlängert, Großveranstaltungen einschließlich Gottesdienste dürfen nicht vor August stattfinden. Während mein Haar maschinell zurückgeschnitten werden kann, wächst Ritas langsam zum Zopf.

Am Donnerstag, dem **16. April,** kommt schon während des Frühstücks Leben ins Leben: Marie schickt die

Nachricht, positiv getestet zu sein. Drei Tage hat sie auf die Nachricht gewartet. Ihre Ärztin hat nun alle Mühe, die Plasmaspende, die Marie in der vergangenen Woche gegeben hatte, zurückzurufen. Der familiäre Telefondraht glüht. Nach Auskunft der Ärztin muss die Familie nun bis zum 22. April in Quarantäne, uns hingegen betrifft das nicht. Dennoch verzichte ich auf die für den Nachmittag geplante Männertour, Rita radelt mit H.

China korrigiert die Zahl der Toten von 3 500 auf 4 600 nach oben. In Deutschland ist ein Streit über die Beschränkung auf 800 Quadratmetern bei Geschäftsöffnungen entbrannt, der Dieselpreis auf 1,05 Euro gesunken.

In Deutschland und auch in Sachsen werden die Lockerungen mit der statistischen Angabe begründet, dass seit Ostern die Zahl der Genesenen gegenüber den Neuinfizierungen steigt. Da offenbar die Kapazitäten für Tests nicht ausreichen, bleibt die tatsächliche Lage aber unklar. Um wieviel höher die Dunkelziffer liegen muss, zeigt schon Maries Familie, in der nur sie getestet wurde, aber alle anderen auch infiziert sein müssten. Es ging ihr schlechter, als sie verraten hatte. Fest steht wahrscheinlich nur die Zahl der Verstorbenen, die heute 4 200 beträgt.

Trügerisch ist aber auch anderes: Endlich kommen zwar (nur!) 50 Kinder aus griechischen Flüchtlingslagern nach Deutschland, aber das Sterben im Mittelmeer hält an, die Situation in Afrika oder den Lagern ist explosiv. Und so sehr das globale Klima aufzuatmen scheint – die Trockenheit des Frühjahrs besonders im Osten Deutschlands könnte ein ernstes Signal der Natur sein, den Turbokapitalismus nicht ungebremst wieder hochzufahren.

Am Abend des 20. April packt mich das Entsetzen, als wir vernehmen, dass die Stadt Dresden eine beantragte PEGIDA-Demonstration (zwar nur für 15 Teilnehmer, aber nicht zufällig zu Hitlers Geburtstag) auf dem Neumarkt zugelassen hatte.

23. April. Wir unternehmen die erste Wanderung zu viert, von Oberschlottwitz durch das Trebnitztal nach Geißing. Der Dieselpreis ist auf 0,99 Euro gesunken, wir genießen indessen die Zugfahrt, belustigt durch die entstellende Mundschutzvielfalt. Die Kirchen haben verschiedene Modelle entworfen, wie am Sonntag mit nur 15 Teilnehmern Gottesdienst gefeiert werden könnte.

Was einerseits (mental) wie ein österliches Erwachen aus der Winterstarre wirkt, ist auf der Kehrseite ein heftig entbrannter Streit über die Rückkehr zu einer sogenannten „neuen Normalität“. Den Meisten ist wohl deutlich, dass es differenzierter Schritte bedarf – aber welche Einrichtungen, welche Geschäfte, wann Kultur und Sport den Wiedereinstig in den Alltag planen können, vor allem aber welche staatlichen Zuwendungen jeder bekommen soll oder muss, darüber besteht keine Einigkeit. Diese in einer Demokratie an sich normalen Debatten sind deshalb empfindlich, weil es einerseits um schwere existentielle Nöte und Insolvenzen geht, andererseits auch eine Pandemie nicht verhindern kann, aus diesen Fragen Wahlkampfthemen zu machen. Es wird soziale Verwerfungen geben, schon jetzt zeigt sich, wie zerbrechlich die oft beschworene Solidarität in der Gesellschaft ist.

Auch vor diesem Hintergrund hat die Kanzlerin wiederum in einer Regierungserklärung zur Vorsicht gemahnt und indirekt die Herren Soeder und Laschet gerügt, unabgestimmt bei den Lockerungen vorzupreschen. Während wir ihre Art der Regierungsführung großartig finden, gibt es andere, die ihr eine Mischung aus Gouvernante und Krankenschwester vorwerfen. Gut, dass sie davon unbeirrt ihre Arbeit fortsetzt. Immerhin ist die Zahl der Toten in Deutschland auf 5 200 gestiegen, aber auch die Genesungszahlen steigen. Nach vier Wochen lockert heute auch Tschechien seine strengen Ausgangssperren.

Noch vor dem Landeskirchenamt gibt heute Abend der MDR bekannt, dass Landesbischof i. R. Hempel verstorben ist. Fast auf den Tag genau hat er so lange gelebt wie meine Mutter – 91 Jahre. Am 12. März, Ritas letztem Tag in der Bibliothek, hatte ich ihn besucht. Wie so oft mit heiteren Bonmots aus der Demenz heraus und – obwohl ich schon wusste, dass eigentlich Abstand angesagt war – distanzlos mit jenem Streicheln, das ihm so gut tat. Den kleinen Zitatenschatz, den ich bei Besuchen gesammelt habe, bewahre ich gern. Zwei Tage darauf, am **25. April**, wird in einem vom MDR übertragenen Gottesdienst Tobias Bilz, dem das Amt gleich nach der Wahl übertragen wurde, offiziell als neuer Landesbischof im Meißner Dom eingeführt.

1. Mai, der „Tag der Arbeit" beginnt mit einem seltsamen Bild: 15 Gewerkschafter posieren einsam in gehörigem Abstand vor dem Brandenburger Tor. Mehr Teilnehmer wird es erst bei späteren Demonstrationen geben. Immerhin hat gestern die Bundesregierung weitere Lockerungen eingeräumt: Ab Montag dürfen Kinderspielplätze, Tiergärten, Museen und Bibliotheken geöffnet werden. Gottesdienste mit 50 Teilnehmern, Ausflüge zweier Paare, Frisöre und weitere Geschäftsöffnungen. Schon länger lässt sich nicht mehr durchhalten, der Pandemie allein auf virologischer Basis zu begegnen. So unterschiedlich Länder und Kommunen agieren, insgesamt scheint sich der Maßnahmen-Weg in Deutschland bewährt zu haben. Die Zahl der Verstorbenen beträgt heute 6600, die der Genesenen steigt gegenüber den Neuinfektionen. Ob wir die Geduld aufbringen, mit der Unterschiedlichkeit der Betroffenheiten (sozial und ökonomisch) einigermaßen solidarisch umzugehen, bleiben erregende Fragen.

Gestern haben wir (m)einen Geburtstag gefeiert, nicht allein und durch wunderbare Wanderungen (Weißeritztal, Goldsteinaussicht) gerahmt. Die Freude am Skypen und Telefonieren zeigt doch ihre Grenzen.

3. Mai. Viel Neues scheint kaum zu geschehen, jedenfalls für uns im Ruhestand. Das die Nachrichten beherrschende Thema, wie der Fußball und die Autoindustrie auf die Beine gebracht werden können, ist eher ermüdend, die schwierige Lage vieler Kinder oder Behinderter wenig im Blick. Überhaupt ist die tägliche Rechtfertigung ihres Daseins der Medien zwiespältig:

Ihr Hochhalten der Fieberkurve mit andauernden, aber kaum Neues vemittelnden „Specials“ und „Corona-Tickers“ wehrt und fördert zugleich eine gleitende Abstumpfung gegenüber den tatsächlichen Problemlagen. Ich überlege, wann und womit ich die Chronik beschließe. Vielleicht ist das Ende des Besuchsverbotes bei Magda ein angemessener Zeitpunkt?

Auf die Frage, die ich mir selber stelle, was durch die vergangenen Wochen anders geworden ist, finde ich keine klare Antwort. Mein Empfinden gleicht eher dem Besuch eines Filmes im Kino, der erregende Szenen, aber auch Längen hatte. Auf dem Heimweg beschäftigen mich noch viele Eindrücke, bald aber scheint alles beim Alten, wirklich verändert hat sich die mich umgebende Welt nicht. Allerdings: Die eigene Bedürfnislage hat sich reduziert. Die Lust, etwas einzukaufen oder sich in der Menge zu baden, ist abhanden gekommen. Und die Übung, auch ohne andauernde Abwechslung miteinander auszukommen, scheut, alte Normalitäten zurückzuwünschen.

Für den **6. Mai** war ein weiteres Spitzengespräch der Bundeskanzlerin mit den Ministerpräsidenten anberaumt. Weitere Lockerungen im Sinne einer zweiten großen Öffnungswelle sollten abgestimmt werden. Der Druck aus den Ländern war enorm, die Zahlen der Infektionen würden eine anhaltende Einschränkung persönlicher Freiheitsrechte nicht mehr rechtfertigen. Im Ergebnis, das einer Kapitulation der Kanzlerin nahe kommt, liegt die Verantwortung und Organisation jetzt in den Bundesländern. Nur wenn ein Anstieg von

50 Neuinfektionen pro 100 000 Bewohner auftritt, behält sich die Regierung eigene Maßnahmen vor. Seither erinnert die Lage in umgekehrter Form an die im März – jeden Tag geschieht etwas Neues. Nahezu alle Geschäfte öffnen, Besuche mit mehr Personen werden möglich, Beerdigungen sogar unbegrenzt, KITAS, Schulen, auch die Gastronomie bereiten sich auf Wiederaufnahme der Arbeit vor, wenn auch unter den gebotenen Abstandsbedingungen. Der Förderalismus wird hier zu Unterschieden führen, die lästige und aufwändige Informationsarbeit (nicht nur im Blick auf mögliche Bußgelder) nötig machen. In Deutschland liegt die Zahl der Verstorbenen bei 7 000 (in Sachsen 180), in Spanien als dem am schlimmsten betroffenen Land 25 000, weltweit 270 000 (am meisten davon USA). Auch bei den wirtschaftlichen Einbrüchen scheint Deutschland am gelindesten davon zu kommen. Umso unverständlicher sind mir die „Hygienedemonstrationen“ in Berlin, Pirna, Annaberg und anderswo, sogenannte „Spaziergänge“, auf denen zunehmend in rechtspopulistischer Manier alberne Verschwörungstheorien und Schuldzuweisungen von Mund zu Mund gehen.

8. Mai: „Tag der Befreiung“. Anlässlich des 75. Jahrestages nur in Berlin einmalig zum Feiertag erklärt, aber die Debatte eines bundesweit ständigen Feier-, besser Gedenktages wird heftig geführt. Bewegend auch, dass der „lock-down“ nun schon acht Wochen währt – in unserer Wahrnehmung mal eine sehr lange, dann wieder kurze Zeit. Wir haben schätzungsweise 350 „Corona-

Kilometer“ unter den Sohlen, und ebenso viele auf den Rädern zurückgelegt.

Der Dammbruch in Sachen Öffnung scheint vollzogen: Gottesdienste sind ab übermorgen schon unter strengen Hygienevorschriften unbegrenzt möglich, in der Frauenkirche (zugleich mein erster) ab Pfingsten, dem 30. Mai. Selbst die Gastronomie öffnet ihre Pforten alsbald. In meiner Mailbox rappelt es, als würden überall Dienstboten aus dem Dornröschenschlaf erwachen und sich die Augen reiben.

Montag, **11. Mai:** Nach einem sommerlichen Wochenende, wir waren mit Bs und Ks wandern, wie angekündigt heute ein Wetterumsturz. Die „Eisheiligen“ bescheren uns Regen und einen Temperaturabfall von 22 auf fünf Grad, in den Kammlagen der Mittelgebirge womöglich Nachtfrost. Mir scheint der heftige Klimasturz modellhaft. Im Blick auf die Gesellschaft zeigen die ökonomischen Folgen der Corona-Krise immer deutlicher schroffe Unterschiede, asymmetrische Entwicklungen und Einkommen, die das Potenzial zur Spaltung in sich tragen. Anders als nach den Weltkriegen geht es nicht um einen gemeinsamen Wiederaufbau, sondern um das rivalisierende Teilen begrenzter Unterstützungen. Aus der Schar angeblicher und tatsächlicher Verlierer der Krise (Insolvenzen) erwächst gegenwärtig eine Protestbewegung in seltsamen Allianzen mit populistischer Grundierung, die die absehbaren Wirtschaftskrisen politisch so zu instrumentalisieren versteht, dass einem Bange werden kann. Auch persönlich sind wir offensichtlich in das Stadium eingetreten, mit dem

Virus als Dauergefahr leben zu müssen. Nachdem heute Morgen Marie ein Bescheid erreicht hat, noch immer Corona-poitiv zu sein, wird Rita sich testen lassen, je nach Ergebnis auch ich. Glücklicherweise, so erfahren wir zwei Stunden später, sind damit erneute Quarantänewochen nicht verbunden. Marie und Martin werden den Schulbetrieb aufnehmen, die Kinder nicht zu Hause bleiben müssen. In all dem zeigt sich freilich die Unsicherheit der Behörden, wie mit Infektionen, auch in einer zweiten Welle, am besten umzugehen ist.

Eine Woche später, am Montag, dem **18. Mai,** bestätigen sich die Ankündigungen. Rita hatte am Donnerstag ihren „Negativ-Bescheid" erhalten, unser Alltag normalisiert sich noch einmal mehr. Wir fahren legal zu viert im Auto (15. Mai) nach Luchsenburg zum Wandern (Hochstein, Schwedenstein), nach Chemnitz (16. Mai) zur Goldenen Hochzeit von L&P (ersatzweise in Gs Wohnung) und nach Leipzig (17. Mai) zur Verabschiedung von Sup. Henker. Es sind genau zehn Wochen her, dass wir zuletzt (am 8. März) nach Chemnitz eine derart weite Fahrt unternommen haben. Alle KITAS und Grundschulen haben ab heute geöffnet (obgleich aufgrund erfolgreicher Klagen Eltern den Schulbesuch ihrer Kinder verweigern können), die ersten „Geister-Fußballspiele" haben stattgefunden, ebenso die verrückten „Hygienedemonstrationen" – in Stuttgart waren 500 000 Teilnehmer angemeldet, 5 000 erlaubt. Die Zahl der am Virus Verstorbenen hat die 8 000 überschritten, steigt aber immer langsamer. Am Nachmittag blasen wir zum ersten Mal Quartett im Seniorenheim, abends in größerer Runde auf dem Friedhof. Im Reginenhof wurden heute alle Bewohner getestet, eigentlich sollte die Werkstatt eröffnen. Da indes ein Mitarbeiter neuinfiziert ist, befinden sich alle Bewohner in Quarantäne. Zum Glück können sie wenigstens in den Garten (am Mittwoch, dem 20. Mai erfahren wir auf Anruf, dass niemand im Reginenhof positiv ist, aber am 25. Mai ein zweiter Test gemacht werden wird). Wir bangen, ob wir Magda spätestens vor dem Pfingstfest holen können.

Mittwoch, **27. Mai:** Gestern Nachmittag erfahren wir (im Schlossgarten von Königshain nach einer wunderbaren Wanderung durch die Steinbrüche), dass alle Tests im Reginenhof negativ sind und Herr U für Freitag eine Wanderung der Gruppe auf den Lilienstein plant – als Abschluss der schwierigen Quarantänewochen. Danach werden wir Magda eine reichliche Woche zu uns holen können. Am Abend erschrecke ich, als sie unter Tränen anruft, aber es sind Freudentränen. Auch bis ins Mark beschäftigen uns seit dem vergangenen Wochenende bittere Nachrichten von M, der seit Samstag im Diako liegt. Die Begleitung ist nicht nur durch die Besuchsverbote schwierig, wir telefonieren und treffen uns häufig mit U. Bei mir wachsen die Aufgaben schon im Juni auf das Niveau vom März wieder an.

Politisch wogt die Debatte um Lockerungen und Beschränkungsaufhebungen heftig weiter, auch in meiner Brust ringen beide Stimmen: Sorge, Warnung, einheitlicheres Handeln versus Öffnung, Meinungsvielfalt und individuelle Gestaltung. Deutschland scheint glimpflich davongekommen (gegenwärtig sind 8 500 Tote zu beklagen), nicht nur – aber auch dank einer umsichtigen Politik. In Spanien beginnt heute eine zehntägige Staatstrauer angesichts der über 27 000 Coronaopfer. Russland, Brasilien, die USA und inzwischen Chile kämpfen dagegen noch immer mit steigenden Zahlen.

Pfingsten, **31. Mai.** Mit dem Abschluss der Osterwochen schließe ich auch diese Aufzeichnungen. Es ist eine Zäsur symbolträchtiger Zahlen: Fünfzig Tage seit Ostern, drei Monate, zwölf Wochen. Elf davon haben wir Magdalena nicht gesehen, von Videoanrufen abgesehen. Gestern haben wir sie im Reginenhof abgeholt und den Wochenurlaub mit einer Wanderung über den Wilisch eröffnet. In meinem ersten Gottesdienst heute Abend will ich nach Erfahrungen fragen, die wir mit dem Pfingstgeist in den vergangenen Wochen gemacht haben.

Ob es Nachträge oder Fortsetzungen in anderer Form geben wird, steht dahin. Einerseits scheint sich die Normalisierung fortzusetzen, Mitte Juni will die Bundesregierung die Reisewarnungen innerhalb Europas aufheben, wir hoffen und planen, im Juli in den Bregenzer Wald fahren zu können. Andererseits gibt es immer wieder Infektionsherde, die an die Möglichkeit einer zweiten Welle gemahnen. Wir werden mit dem Virus, vor allem aber mit den Folgen der Pandemie in immer neuen Wendungen weiter leben. Hoffentlich im Sinne einer pfingstlichen Bewegung: verstehend, träumend, vor allem aber inspiriert und getröstet. Denn die Zerbrechlichkeit des Lebens und unserer Strukturen ist offenbarer als zuvor.

Teil II

Dialoge

Drinnen und Draußen

Draußen: Kannst Du mich hören?

Drinnen: Ja natürlich, die Wand ist doch dünn.

Draußen: Die Menschen stehen hier Schlange, sie wollen zu Dir. Mich halten sie nicht aus.

Drinnen: Du beneidest das? Wohl noch nichts von Corona gehört.

Draußen: Mag schon sein, dass es bei Dir auch mal zu eng wird. Dieses andauernde Home-Office, stickige Beziehungen, Bewegungsarmut, die Kontakte so beschränkt wie in einem Krankenhauszimmer, in dem man sich nur noch nach draußen sehnt.

Drinnen: Was heißt hier eng, wie ein Gefängnis empfinden mich Viele. Nur die Heiteren vermögen ihre Seele singend zu lüften nach dem Motto „Die Gedanken sind frei …"

Draußen: Und dennoch bleibst Du der sympathischere Ort: Der Wohnraum, in dem die Gewohnheit wärmt, das Dach über dem Kopf, das vor scharfen Stürmen schützt; die Küche, an deren Tisch die Menschen sitzen, reden, spielen und so manchen Vorrat genießen.

Drinnen: Schwebt Dir da nicht eine ziemlich kleinkarierte Idylle vor? Die Outdoor-Gemeinde wächst wie keine andere, und mit ihr ein boomender Markt.

Draußen: Neben ihr aber auch die Gemeinde der Ausgeschlossenen. Unfreiwillig Ausgestoßene. Wir sind ja keine Nachbarinnen, die allein durch physische Wände getrennt sind. Für Viele sind die mentalen härter.

Drinnen: Wer steht denn da so alles an?

Draußen: Dort ein Schüler, der sich Markenklamotten nicht leisten kann. Hier Zwei, die im Sportunterricht beim Abzählen wieder als Letzte übrigblieben sind. Was meinst Du, wie denen zumute ist, bloßgestellt, der gewinnsüchtigen Mannschaft nicht genügend. Außenseiter, von der Clique ausgeschlossen, kichernd beäugt, abgewiesen durch Lachen oder halboffenes Insiderwissen – ene mene mu, und raus bist du. Was beim „Mensch-ärgere-dich-nicht" noch Spaß macht, ist in sozialen Gefügen nicht mehr lustig. Im Übrigen: Draußen zu sein widerfährt Menschen auch sanft. Ohne rausgeschmissen zu werden: Schwerhörig werden, eine dunkle Hautfarbe tragen, eine Fremdsprache nicht beherrschen, bei der digitalen Kommunikation nicht mehr mitkommen. All das sind mehr als leidige Schwächen. Noch im ersten Jahrhundert hat der biblische Hebräerbrief solchen Leiden sogar eine theologische Dimension gegeben: „Darum hat Jesus gelitten draußen vor dem Tor." Und die Insider aufgefordert: „Lasst uns hinausgehen vor das

Lager und seine Schmach mittragen.“ Nein, verehrte Nachbarin, die Sympathien für uns beide sind lange schon sehr einseitig verteilt.

Drinnen: Ich dachte, die Pandemie würde Dir in die Hände spielen. Jedenfalls bewusster machen, dass auch Du kostbare Beherbergungen bietest.

Draußen: Bleibend aber haftet an Dir das Gefühl ursprünglicher Geborgenheit. Gleich dem Ei, aus dem das Leben kommt. Analoge Bilder gibt es viele: die Muschel, die Gebärmutter, die Höhle. Selbst „die Stadt ist die Wiederholung der Höhle mit andern Mitteln“ (H. Blumenberg).

Drinnen: Gerade das Ei zeigt aber, dass Leben nur am Leben bleibt, wenn es die Schale zerbricht. Der Auszug, ja das Sprengen von Hüllen, Schalen, Höhlen und Mauern, natürlich auch von sozialen Gruppenhäuten und Milieublasen ist notwendig, sonst erstickt es. Auferstehung würde Dein biblischer Brief sagen.

Draußen: Ja, Dasein ist räumlich. Vielleicht beherberge ich nur neue Formen des Innen-Seins. Auch Menschen, die ihre heimatlichen Höhlen verlassen, mental oder lo kal, brauchen Geborgenheit. Vielleicht ist das „Draußen vor der Tür“ nur eine veränderte Weise des Drinnen. Dahin „aufzubrechen“, kostet Kraft.

Drinnen: Und braucht Hoffnung. Mehr noch Glaube. Ein Glaube, der das Diesseits der Welt zu sprengen versteht. Der von Dir zitierte Brief fährt ja fort: „Hier haben wir keine bleibende Stadt, sondern die zukünftige suchen wir." Der Glaube sucht das Weite. Er ist nicht in den Mauern dieser Welt zu Hause, sozusagen glücklich obdachlos.

Draußen: Ich wusste gar nicht, dass Du so fromm bist...

Drinnen: Glaube kommt immer von Innen. Als Privatsache wird er gern dort eingesperrt, ist ja für alle am bequemsten so. Aber er drängt ins Weite. Ich vermag ihn nicht festzuhalten. Ausgangssperren würde er belächeln, Kontaktbeschränkungen kennt er nicht. Vielleicht bringt er uns auf die Beine, so als Herold zwischen Drinnen und Draußen.

Sinn und Krise

Herr Sinn und Frau Krise treffen sich angesichts der Ausgangsbeschränkungen in der Küche ihrer WG. Beim Tee entspinnt sich folgender Dialog:

Sinn: So lange kennen wir uns schon ... Könntest Du Dir vorstellen, über eine Hochzeit nachzudenken?

Krise: Warum gerade jetzt? Nagt nun auch die Pandemie an Deinem mangelhaften Selbstwertgefühl?

Sinn: Ja und Nein, es sind eher die alten Identitätsprobleme. Derart isoliert weiß ich gar nicht mehr, wer ich wirklich bin.

Krise: Und ausgerechnet ich soll herhalten, diesem Mangel aufzuhelfen? Durch Heirat, womöglich mit dem Doppelnamen „Sinn-Krise“! Das klingt doch nur gut, weil das i sich zweimal so schön hebt – „Sinn-Krise“... Gäbe es nicht blendendere Partien für Dich, solche, die längst in aller Munde sind: „Wahn-Sinn“, oder gern auch umgedreht. „Sinn-Gehalt“ ...

Sinn: Wer den Schaden hat, muss für den Spott nicht sorgen. Du hast es leicht mit Deiner beneidenswerten Eindeutigkeit. Wer „Krise“ hört, weiß, woran er ist. Das ist so, obgleich Du ja viel unbeliebter bist als ich.

Krise: Im Austeilen bist Du auch nicht zimperlich. Dass mich niemand besonders hübsch findet, weiß ich selber.

Sinn: Es ist nicht Dein Aussehen oder der Klang Deines Namens. Die Leute fürchten das Skalpell, mit dem Du durch die Lande ziehst oder Beziehungen verletzt.

Krise: Das sehen sie doch gar nicht. Manchmal denke ich, sie verschließen bewusst ihre Augen vor mir.

Sinn: Aber sie spüren, wie Du hantierst. Und dabei merken sie sehr wohl, dass der Name Programm ist: Deine griechischen Vorfahren meinten mit dem Wort „Scheidung“, „Zwiespalt“, „Streit“. Juristisch gesehen, „den Prozess machen“. Nicht von ungefähr haben die (Schieds)Richter ihre Berufsbezeichnung von Deinem Namen abgeleitet.

Krise: Mir wäre es lieber, wenn mein Hantieren medizinisch verstanden würde. Schließlich versuche ich zu heilen und nicht zu zerstören.

Sinn: Mag ja sein, was aber wäre der Sinn der immensen Schmerzen?

Krise: Ausgerechnet Du fragst das? Den Sinn zu erhellen, ist doch Deine Sache.

Sinn: Schön wär's, wäre da nicht wieder mein Problem. Natürlich weiß ich: Wo etwas aufgeschnitten wird, zeigt sich, was darunter liegt. Wer mit Dir zu tun bekommt, wird bald spüren, dass Du zum Grund der Sache willst. Schutzlos zeigen sich dann die Fundamente, der Charakter eines Menschen. Also das, worauf er gebaut hat. Oder was unbewusst auf der Festplatte der Kindheit programmiert wurde. Diese Offenlegung verstärkt – oder löst dann das Problem tatsächlich gründlich.

Krise: Nicht schlecht, Du kennst mich ziemlich gut. Dass das hoffentlich positive Konsequenzen für die Betroffenen hat, ist doch sinnvoll, oder?

Sinn: Sagen wir lieber: nützlich. Das ist ja nicht dasselbe, auch wenn Nutzen und Sinn, oder „Sinn und Zweck" fast immer gleichgesetzt werden. Diese Gleichung fesselt, sie instrumentalisiert uns. Was Menschen einander wert macht, beschränkt sich dann darauf, was sie füreinander leisten. Aber klar, es gibt Krisen, die „tatsächlich" zeigen, wie furchtbar es ist, von niemandem gebraucht zu werden, wie gern wir etwas tun möchten.

Krise: Macht nicht auch das Lassen manchmal Sinn?

Sinn: Lass bloß diesen sprachlichen Unsinn, er tut mir weh. Sinn kann man nicht machen. Allenfalls stiften, also irgendwie zur Verfügung stellen, aber das klingt vielleicht nur etwas vornehmer. Ich finde, diese blöde Redewendung vom „Sinn machen" zeigt nur einmal mehr, dass eigentlich niemand so recht weiß, was Sinn ist.

Krise: Ach Du armer Identitätsproblembeladener! Merkst Du nicht, wie oft Du zur Sprache kommst, mindestens indirekt? Man müsste Dein Vorkommen nur etwas kategorisieren: Da wird die Gesinnung beschworen, täglich ein Sinnspruch nicht nur in Fitnesszentren auf Tafeln geschrieben, da werden Menschen über ihre fünf Sinne hinaus charakterisiert dadurch, dass sie einen Sinn für Ordnung, für Humor oder Schönheit haben. Die Frommen predigen, man solle nicht auf Rache sinnen, sondern eines Sinnes sein. Als Kinder sollten wir im Sinne von Ernst Thälmann handeln. Und alle Jahre wieder: Besinnliche Weihnachten – wie hintersinnig!

Sinn: Eben. Das ist wie Schrotschießen. Ziemlich sinnlos, dieses Verschleudern eines oberflächlichen Sprachgebrauches. Für mich ist das eine Entwertung.

Krise: Du bist verletzt?

Sinn: Hätte ich keinen Grund?

Krise: Offenbar kommen wir auf einen solchen nur auf diese Weise. Ohne Verletzung geht das nicht, soweit waren wir schon mal. Hast Du den immerhin Dir geltenden Satz von Adorno schon wieder vergessen: „Leben, das Sinn hätte, fragte nicht danach."

Sinn: Du meinst, menschliches Leben ist verletzt, weil da etwas fehlt, das wir Sinn nennen? Und würde das umgekehrt bedeuten: Unverletztes, glückliches Leben fragte nicht nach Sinn. So wie wir ja auch nicht nach dem Wesen des Glücks oder der Liebe fragen, solange sie da sind?

Krise: Ist das eine Anspielung auf unser beider Zuneigung? Als Einer, der sich selbst nicht sicher ist, und Eine, die dem ebenso schmerzhaft wie heilsam auf den Grund zu gehen sucht, passen wir ja auch ganz gut zusammen. Hast Du diese Schwierigkeiten eigentlich schon immer?

Sinn: Da müsste ich sehr weit ausholen. Als Kind der Moderne begleiten sie mich aber so richtig erst seit Mitte des 19. Jahrhunderts. Es war die Aufklärung mit ihren vielen Facetten, vor allem der Nihilismus, der die verschiedenen Stränge meines Wesens zur Frage nach „dem Sinn des Lebens" zusammenflocht …
Lach nicht, wenn ich etwas doziere, Du hast ja gefragt. Noch im 16. Jahrhundert plagte die Menschen die Frage: Wie kriege ich einen gnädigen Gott? Heute fragen sie, wie sie mit ihrem Leben zurechtkommen. So ist der Sinn des Daseins zur Grundfrage der Philosophie geworden.

Krise: Dann ist Dein Problem vielleicht gar nicht die Identität, sondern der Bedeutungswandel gegenüber den Vorfahren. Hast Du eine Ahnung, wo Deine Familie herkommt?

Sinn: So richtig nicht. Aber in der einen, sagen wir der mütterlichen Linie, wird Sinn vom lateinischen „sensus" abgeleitet. Das lebt in „sensibel", „sentimental",

„consens“ oder „sentenz“ fort. Hier geht es um Gefühle, Empfindungen, aber auch um Wahrnehmung und Gedanken. Die väterliche, aus dem Althochdeutschen kommende Linie meint mit „sinnan“ eine Ortsbewegung. Also „reisen“, „streben“ oder „gehen“, was noch im Senden, dem Gesinde, der Gesinnung oder dem Uhrzeigersinn steckt.

Krise: Verstehe ich das richtig, verbindet beide Herkunftsfamilien doch, dass sie auf das Verfolgen einer Richtung aus waren, und zwar ganzheitlich – seelisch, körperlich, gedanklich? Warum tust Du Dich dann so schwer mit dem Bedeutungswandel der Moderne?

Sinn: Weil ich mich an ihren Fragen ständig überhebe. Ich kann ihre Wucht nicht stemmen, schon gar nicht, wenn der Eindruck stimmt, dass die Frage nach meinem Wesen erst dann auftaucht, wenn es fehlt. Immer wenn unsere Existenz ganz tief erschüttert wird, erscheint das Leben ohne Sinn.

Krise: Wohl wahr. Unsere Zeitgenossen würden – wenn auch Dir zum Ärger – sagen, solches Überheben macht keinen Sinn. Aber ich kann Dich trösten: Meine Ahnengalerie reicht ebenso weit zurück, handfeste Krisen gab es schon immer. Und wer weiß, ob sich unsere Väter an der Frage nach dem gnädigen Gott nicht auch überhoben haben?

Sinn: Trost ist gut. Er war übrigens früher ganz selbstverständlich ein Synonym für das, was heute Sinn genannt wird. Im Trost verstummen die Fragen. Komm, lass Dich mal drücken. Die Frage nach der Hochzeit vertagen wir …

Glaube und Unglaube

Als das waghalsigste aller biblischen Gebete erhört wurde: „Herr, ich glaube, hilf meinem Unglauben!“ (Mk 9,24)

Der Glaube hatte ihn aus den Augen verloren, den Unglauben. Dabei war es ihm gut gegangen. Er war der Herr im Haus, unangefochten, das Leben war sonnig, er schlief gut, die Verdauung war in Ordnung. Gute Bekannte grüßten ihn freundlich, wenn er aus dem Fenster sah, alle anderen Passanten nahmen nur Notiz von ihm, wenn ihnen sein blühender Garten auffiel.

Bald merkte er, dass ihm etwas fehlte. Der Unglaube hatte ihn verlassen, irgendwann war er einfach gegangen. So machte der Glaube sich auf, ihn zu suchen, es war ja sein Bruder.

Als er ihn gefunden hatte, konnte er eine leichte Schärfe im Ton nicht unterdrücken:

Glaube: Hallo Bruder, Du machst Deinem Namen ja alle Ehre. Einfach weg sein, nicht anwesend, „a-pistos“, ohne mich anhaltlos verschwunden.

Unglaube: Warum regst Du Dich so auf? Mein Fehlen dürfte Dich doch nicht beschweren. Im Gegenteil, ohne mich kannst Du regieren, so wie Du es gern hättest. Beliebt und immer gute Noten.

Glaube: Hör auf mit dem gekränkten Selbstmitleid. Du weißt genau, dass Du einflussreicher bist, als Du zugeben kannst. Bist Du ganz da, bin ich ja weg, wie zerronnen.

Unglaube: Jetzt wiederum übertreibst Du ordentlich.

Glaube: Nein, je lautloser Du als Unglaube neben – oder besser auf mir Platz genommen hast, desto nichtiger bin ich. Da ist es mir schon lieber, Du meldest dich wenigstens als Zweifler. Oder kämpferisch als Atheist, so lässt sich immerhin noch streiten. Allein diese Leere, die ist wirklich schlimm.

Unglaube: Ach komm, Probleme hättest Du viel weniger. Warum also suchst Du mich?

Glaube: Ehrlich gesagt, von allein wäre ich wahrscheinlich nicht gekommen. Einer unserer Hausbesitzer …

Unglaube: will, dass ich verschwinde!?

Glaube: Nein, helfen will er Dir. „Hilf meinem Unglauben“, hat er gesagt, was heißt gesagt – geschrien hat er das in schierer Verzweiflung.

Unglaube: Aufhelfen, mir zu Hilfe kommen, ich soll stark sein – neben Dir?

Glaube: So ganz habe ich auch nicht verstanden, worin die Hilfe bestehen soll, vielleicht als Gehilfe? Oder als Aufforderung, sich zu befreunden?

Unglaube: Vielleicht sind wir ja wirklich nur zusammen stark. Jeder auf seine Weise, mindestens als des Bruders Hüter. Ich hätte dann darüber zu wachen, dass Du nicht vor der Zeit in den Himmel abhebst; Du, dass ich nicht zu früh zur Hölle fahre.

Glaube: Einfach ist das nicht. Eine Zumutung, die mehr braucht als nur Mut. Thomas, Du kennst ihn als Zweifler, trägt nicht von ungefähr den Beinamen Zwilling. Der Doppelte. Einer, der uns beide beherbergt. Meinst Du, wir sollten es noch einmal miteinander versuchen?

Unglaube: Nicht als Abbild des anderen. Aber als Hilfe, genauer als Gehilfe, was ja in der Sprache der Väter auch „Widerpart" bedeuten kann.

Glaube: Sollte das bedeuten, den Anderen tatsächlich ernst zu nehmen, seine Fragen nicht zu unterdrücken und sie womöglich als die eignen anzuerkennen – dann bin ich einverstanden.

Und so machte sich der Glaube mit dem Unglauben wieder auf den Weg. Einvernehmlich, sie waren ja Brüder. Die Folgen waren verrückt: Ihre Wirtsleute, die Menschen, gingen achtsamer miteinander um. Gott war nicht mehr nur der liebe Gott. Zweifler kokettierten nicht mit ihrem Zwiespalt. Und Atheisten zogen aus dem Schweigen Gottes nicht gedankenlos die Konsequenz, er könne gar nicht existieren.

Es war nicht mehr die unvorstellbare Ferne, sondern die rätselhafte Nähe Gottes, unter der sie angesichts der blutenden Welt litten.

Abend und Morgen

Es ist noch nicht aller Tage Abend, aber der Abend aller Tage. Nicht das Ende aller Zeit, aber meine Zeit, freute sich der Abend. Er wusste, dass er als Sinnbild galt für so Vieles – den Lebensabend, das Ende des Tages, der Zeit. Aber soweit war es noch nicht. Und so entzündete er den Kamin. „Endlich Zeit zum Lesen und Schreiben" hörte er sich sagen, mochte er doch die aufkommende Dunkelheit, das Verdichten und zugleich Verschwimmen der Bilder des Tages. Er mochte Gute-Nacht-Geschichten.
„Die Ideen dafür aber liefere ich", fiel ihm der Morgen ins Wort. „Ohne mich fiele Dein Rückblick ins Leere, zum Sammeln würdest Du nichts finden".
„Das stimmt schon", räumte der Abend ein, „aber zugeben musst Du auch: die Ideen, die Du noch im Halbschlaf flunkern lässt, wirken genialer als sie sind. Ziemlich fern der Realität schrumpeln sie im Wachwerden wie Rosinen auf Minimalgröße."
An einer empfindlichen Stelle getroffen, entgegnete der sonst so strotzende Morgen etwas pikiert: „Realistischer sind Deine Gute-Nacht-Geschichten wohl auch nicht. Man merkt ihnen an, dass Du nicht sicher bist, ob es so gewesen ist, so gewesen sein könnte oder so gewesen sein muss."
„Hauptsache gut erzählt", schmunzelte der Abend, „wer will schon so genau wissen, wo Dichtung und Wahrheit

zusammenfließen. Im Mantel der Dämmerung liegen sie sich gern im Arm."
„Du tust so, als wären Dir die Zeitgenossen wohl gesonnen. Gern ergeben. Dabei weißt Du doch ganz genau, dass sie mir, dem Morgen, holder sind. Frische und Kraft schenke ich ihnen, ich verkörpere den Anfang, Jugend, Auferstehung, während Du, der Lebensabend ..."
„Na mach's mal halblang, ich kenne genügend Menschen, die froh sind, wenn der Morgen endlich zum Abend wird. Ist Dir nie aufgefallen, dass die schönste Ostergeschichte eine Abendgeschichte ist? Emmaus, endlich, nach einem mühseligem Weg der erlösende Frieden!"
„Ja, vielleicht, aber auch hier steckt schon im Abend der Morgen ..."
„Sei nicht so keck", entgegnete der Abend, „vielleicht ist es besser zu sagen: im Ende der Anfang. Wer wüsste es nicht besser als ich: natürlich hat der Abend seine Betrübnisse und Schmerzen. Aber eben auch einen geheimnisvollen Vorrang. Warum sonst ‚hütet Gott den Ausgang vor dem Eingang' (Psalm 121,8), warum werden die Schöpfungstage ‚aus Abend und Morgen' – und nicht umgekehrt (1. Mose 1,5)?"

Sehr müde plötzlich, hörte der Abend den Morgen noch sagen: „Wahrscheinlich haben die Menschen der Bibel den Tod ganz anders im Blick: Als Finsternis, die Gott im Unterschied zum Licht nicht geschaffen hat. Als Nacht, die von uns beiden begrenzt wird, aber auch als Tor, als Brücke zu einem andern Ufer."

„Eben deshalb kehrt sich die Reihenfolge irgendwann zu meinen Gunsten um. Aus dem ‚Werden und Vergehen‘ wird ein ‚Vergehen und Werden‘“, konnte der Abend noch sagen, dann schlummerte er ein. Zum Lesen oder Schreiben war er gar nicht mehr gekommen.

Gut und Böse (Austausch bei geöffnetem PC)

Gut: Hast Du schon gelesen?

Böse: Nein, was denn?

Gut: Sie wollen Dir an den Kragen.

Böse: Das werden sie nicht schaffen. Wäre ja auch wirklich mal was Neues. Von wem redest Du eigentlich, den Viren oder den Menschen?

Gut: Na, von den … nein, eigentlich von Beiden. Es gibt Menschen, die jetzt glauben, mit Hilfe des Virus würde sich die Welt verändern, irgendwie besser werden.

Böse: Solche Phantasten hat es immer gegeben. Mir kommen sie meistens zu passe.

Gut: Tu nicht so cool, diesmal scheint es ernst. Offenbar hat die Corona-Krise Vielen die Augen aufgetan. Wie damals, als es um das Unterscheiden von uns beiden ging. Soll ich Dir vorlesen?

Böse: Von mir aus, aber ausdrucken brauchst du nichts. Die Illusion, dass Neues das Alte grundsätzlich verbessern könnte, gehört schließlich zu meinen raffiniertesten Tricks.

Gut: Hör wenigstens mal richtig zu. Der Zukunftsforscher Matthias Horx schreibt (auf www.zukunftsinstitut.de) im April: „Die Welt as we know it löst sich gerade auf. Aber dahinter fügt sich eine neue Welt zusammen, deren Formung wir zumindest erahnen können. (…) Vor der Krise schien Technologie das Allheilmittel, Träger aller Utopien … Wir richten unsere Aufmerksamkeit wieder mehr auf die humanen Fragen: Was ist der Mensch? Was sind wir füreinander? (...) In der neuen Welt spielt Vermögen plötzlich nicht mehr die entscheidende Rolle. Wichtiger sind gute Nachbarn und ein blühender Gemüsegarten."

Böse: Ziemlich romantisch, oder? Wer, wenn nicht Du, würde nur allzu gern daran glauben?

Gut: Interessant ist aber der Schluss: „Wenn das Virus so etwas kann – können wir das womöglich auch?"

Böse: Wieso interessant? Dass sich der Mensch gerne selbst überschätzt, ist so alt wie er selbst. Jedes Widerfahrnis, und sei es eine Pandemie, bucht er auf sein Konto. Jedenfalls wenn ihm Vorteile daraus erwachsen. Dann tut er so, als wäre er der Autor.

Gut: In diesem Falle ist das doch gut. Schließlich haben alle etwas davon.

Böse: So billig bringst Du Dich ins Spiel?

Gut: Soll ich mich etwa aufbauen wie eine Diva, bloß weil Du nicht aufhören kannst mit mir als der Erstgeborenen zu rivalisieren? Schließlich bist Du erst dazugekommen. Wie ein Parasit zehrst Du von mir, billigst mich. Und läufst doch ohne mich ins Leere.

Böse: Warum so aufgeregt? Und bösartig. Vergiss nicht, dass diese Rolle allemal nur mir zusteht.

Gut: Deine Streitsucht ist mir, ehrlich gesagt, leid. Zumal wir uns nicht öffentlich duellieren.

Böse: Man würde uns verwechseln.

Gut: Tut man ja auch. Schon vor zweitausend Jahren hatte Paulus von Tarsus unseren Streit mit einer Art Ringkampf verglichen. Dabei sind die Körper so ineinander verschlungen, dass sie kaum voneinander zu unterscheiden sind. „Lass dich nicht vom Bösen überwinden, sondern überwinde das Böse mit Gutem." Tolle Formulierung, geradezu athletisch.

Böse: Jedenfalls bildhaft. Mir haben sie dann, im Bild bleibend, zwei Buchstaben als Vorsilbe auf das Trikot gedruckt: Un-glück, Un-gemach, Un-tat, Un-bill, Unrecht, Un-fall.

Gut: Eine Art negative Startnummer, zur Unterscheidung. Genau genommen ist das ja eine Verneinung, die

Dich eigentlich als Nichts qualifiziert, mich aber leider hinter ein schlechtes Vorzeichen stellt.

Böse: Na mach's mal halb lang, einklammern oder einbüchsen lässt Du Dich ja nicht. Und so dramatisch wie ein verschlungener Ringkampf, bei dem ich auf den Rücken gezwungen werden muss, empfinden wohl die wenigsten Menschen die Auseinandersetzung mit uns beiden.

Gut: Das ist ja das Problem.

Böse: Wieso Problem? Darf ich jetzt mal die Rolle wechseln und fragen – ist das nicht gut?

Gut: Der Punkt geht an mich. Mit dieser Frage verrätst Du Dich. Leider gehen die Menschen ihr noch immer auf den Leim. Wie damals bei der Schlange.

Böse: Hör auf, die Schlange ist ein Geschöpf Gottes. Vielleicht etwas klüger als andere. Sie hat Aufklärung betrieben. Nicht durch Bevormundung, sondern durch eine einzige Frage.

Gut: Mit der hat sie aber Zweifel gesät. „Sollte Gott gesagt haben …" – wer würde da nicht unsicher?

Böse: Irritation ist der Sinn von Aufklärung. Ohne Unsicherheit als Voraussetzung wird es nicht heller. Außerdem: Was ist denn schlecht an den Perspektiven, die die

Schlange eröffnete: Sterben werdet ihr keineswegs, Eure Augen werden geöffnet, ihr werdet sein wie Gott. Vor allem aber: Ihr werdet wissen, was gut und böse ist?

Gut: Lass Deine verdammte Scheinheiligkeit. Du weißt genau: das Vertrauen ist mit diesen Fragen brüchig geworden, bald durchziehen haarfeine Risse die fraglose Nähe. Nacktheit macht die Menschen nicht nur schämen, sondern einander fremd. Sie empfinden sie als Schutzlosigkeit. Und natürlich – die Schuldzuweisungen. Jetzt gibt es diese Brüche, die die Nachfahren Sünde nennen.

Böse: Damit kann doch heute keiner mehr was anfangen. Schon der Begriff ruft Unbehagen hervor. Ich finde die Banalisierungen moderner Sündenkataloge clever. Sünde als Kavaliersdelikt ist leicht aus der Welt zu räumen. Und wer würde im Ernst noch Schlemmerei, Unkeuschheit oder Trägheit als Todsünden verstehen.

Gut: Klar, die Banalisierung kommt Deiner Kunst, sich unsichtbar zu halten, entgegen. Du bist einfach gut im Verstecken.

Böse: Spricht aus Dir Bewunderung? Sehr viel besser zu fassen bist Du doch auch nicht. Nicht jedes Gut ist gut. Und ein gutes Gewissen zählt allemal zu meinen Erfindungen.

Gut: Wohl wahr. Mit allen Registern der Wirklichkeit verstehst Du Dich zur Sprache zu bringen. Darum ist wohl auch in der Grammatik keiner heimisch so wie du: Als Prädikat und Adjektiv, substantiviert als „der, die oder das Böse", im Singular wie auch im Plural.

Böse: Solche grammatische Vielfalt zeichnet Dich ebenso aus!

Gut: Aber ich täusche nicht so dreist wie Du. An Deine Schminktöpfe kann und will ich gar nicht ran. Wo Du Dich an die Fersen der Menschen heftest, verwenden sie den schönen Teint der Unschuld. Bald auch eine kosmetische Sprache. Erinnerst Du Dich an die „Reinhaltung der Rasse", die durch „Säuberung" erreicht werden sollte? Heute nennen sie finanzielle Skandale „Unregelmäßigkeiten" und ersetzen das brutale Wegwerfen durch „Entsorgen". Müllberge und Plastik in den Meeren – welch fatales Sanssouci.

Böse: Jetzt wirst Du aber ungerecht. Ich klopfe immer erst an.

Gut: Aber zu leise. Nie fällst Du dröhnend mit einer deftigen Lüge ins Haus. Oder polternd mit einem Aufstand, immer nur auf leisen Sohlen. Man muss hellwach sein, um sich von Dir ertappt zu finden. Mitunter ahnt man nur ein flüchtiges Grinsen, oder wie es Immanuel Kant einmal notiert hat: Auch in dem Unglück unserer besten Freunde sei etwas, das uns nicht ganz missfällt.

Böse: Aber Schadenfreude ist, wie Wut, doch auch ein Mittel seelischer Hygiene.

Gut: Bloß kein gesundes. Es ist das Behagen am Unbehagen, die Neigung zur Destruktion, die Lust am Grauen, mit der du Dich einschleichst. Und dann bist Du eben da, fast immer zu spät bemerkt.

Böse: Und Du spielst Dich mir gegenüber als Heilige auf? Ehrlich, wahrheitsliebend und transparent? Ich sagte schon, dass auch Du nicht eindeutig bist, nie ohne fremden Beigeschmack.

Gut: Ach was?

Böse: Das beginnt schon beim im Zaum halten der Zunge. Menschenkenntnis verratend bemerkte Goethe, wie Du wohl weißt: „Jeder hat etwas in seiner Natur, das, wenn er es öffentlich ausspräche, Missfallen erregen müsste." Selbst im ehrlichen Benennen der Wahrheit ist das Gegenteil hinein verwoben. Der von Dir zitierte Paulus wusste von diesen Verwicklungen: „Das Gute, das ich will, tue ich nicht; sondern das Böse, das ich nicht will, das tue ich." Umgekehrt kann eine gute Tat böse Folgen haben, und böse Absichten gute Resultate. Wie das Virus, mit dem Du mich vorhin provozieren wolltest.

Gut: In der Tat verwirrend, selbst mir schwirrt jetzt der Kopf. Mal sind wir beide eine Eigenschaft, die Eigenes schafft, mal ein Glücksfall oder Übel, dann wieder nur ein Maßstab zur Unterscheidung …

Böse: … sich ausschließender Gegensätze?

Gut: Die Verantwortung dafür zu übernehmen ist jedenfalls ein Resultat des Sündenfalles. Gewachsen ist der Mensch dem eigentlich nicht.

Böse: War das denn wirklich ein Fall?

Gut: Was sonst?

Böse: Womöglich eine notwendige, wenn auch nicht ganz ehrliche Emanzipation. Freilich eine, die ohne Verletzungen des andern nicht zu haben ist. Und weil der Mensch alles, was weh tut, möglichst meidet, wird er auch die Sündenfallerzählung nicht gern als Emanzipationsgeschehen lesen.

Gut: Das Motiv ist aber doch nicht nur ein verlogenes Ja, mit dem sich der Mensch aus einer Bevormundung Gottes befreien wollte. Aber klar: Sein Zusammen-sein-wollen mit und das Sein-wollen wie Gott überschreitet eine unsichtbare Grenze. Beides ist nicht nur für fromme Menschen schwer zu unterscheiden. Irgendwie müsste man das den Menschen wieder klarer machen.

Böse: Dazu musst Du nicht nur Deinen moralischen Zeigefinger unten lassen. Auch wenn Du das nicht ein bisschen profaner hinkriegst, interessiert sich niemand für solche theologischen Höhenflüge.

Gut: Ist das profan genug, wenn ich die Sünde, also eine Deiner Spielwiesen, als geheimen Motor des Kapitalismus bezeichne? Auch andere Gesellschaftsordnungen variieren nur in der Bauweise des Motors. Selbst die soziale Marktwirtschaft oder das System der Demokratie funktionieren nur mit dem Treibstoff des heimlichen oder offenen Begehrens. Gegen das neunte und zehnte Gebot übrigens. Zu den raffinierten Partnern des Begehrens gehört nicht ohne Grund die Werbebranche.

Böse: Kein Begehren ist nur böse oder gut, es ist einfach menschlich.

Gut: Eben. Und, ich gebe es zu, auch nötig. Umso inniger lerne ich immer neu zu beten „Und führe uns nicht in Versuchung. Sondern erlöse uns von dem Bösen".

Böse: Von mir also …

Gut: Ja, vielleicht im Bündnis zwischen Gott und Mensch und Virus? Wie gut wäre es, wenn der Zukunftsforscher in diesem Sinne doch Recht behielte.

Böse: Dann sieh mal zu, Du Athletin. Ich gebe ja zu, dass der Gottesbezug mein stärkster Gegner ist. Ohne den Schöpfer gibt es keinen Grund, Neues für das Bessere zu halten. Oder das, was kommt, auf jeden Fall dem vorzuziehen, was war und ist.

Gut: Jedenfalls gibt es dann Verbesserungen an einer Stelle nur um den Preis von Verschlechterungen an anderen. Überwundene oder geahndete Übel schaffen jeweils neue. Eigentlich müssten wir auch über Versöhnung oder Vergebung sprechen.

Böse: Na, meine Sache ist das nicht. Von mir aus aber später, für heute jedenfalls ist klar: Zurücklehnen geht nicht. Lass uns also erneut in den Ring steigen.

Macht und Ohnmacht

Macht: Wer bist Du eigentlich, die Du ohne mich nicht sein kannst? Schon Dein Name zeigt das doch. Manchmal frage ich mich, ob er nicht ein Etikettenschwindel ist, mit dem sich manche wohl jammernd, aber nicht ungern schmücken.

Ohnmacht: Auch wenn mich Dein arrogantes Gehabe nervt, ich hingegen wüsste gern, wo es herkommt. Woher die Potenz, der seltsame Reiz, der deinem Wesen eignet? Aber sei vorsichtig, gerade bei Dir schließen Argumente nicht unbedingt die Herzen auf.

Macht: Dann versuche ich es mit einer Geschichte: „Als Gott die Welt erschuf, hielt er eine Fülle wunderbarer Gaben bereit. Den Gestirnen gab er die Fähigkeit zu leuchten, den Fischen die Gabe zu schwimmen, den Steinen ihre Festigkeit. Den Menschen aber beschenkte er mit der Gabe des Denkens, der Liebe und ihrer Folgen. Nur mit einer Gabe tat Gott sich schwer – mit der Macht. Er wusste, dass es eine heikle Gabe war. Vielleicht wollte er genau aus diesem Grund von seiner Allmacht etwas abgeben. Jedenfalls entschloss er sich, allem und jeder etwas von ihr zu geben. So gab er dem Menschen die Macht, über die Schöpfung zu herrschen, sie zu bebauen und zu bewahren. Den Eltern gab er Macht über ihre Kinder. Aber auch den Kindern gab er Macht über

ihre Eltern – seither können beide Seiten ein Lied davon singen.
Da noch immer viel von dieser Gabe übrig war, verteilte er sie nicht nur auf die Menschen. Auch Strukturen sollten Macht bekommen, Gesetze, Organisationen, selbstredend die Medien. Der Schönheit gab er Macht. Dem Wissen. Menschlichen Worten. Viel Macht bekam die Angst, ebenso die Sünde. Aber auch dem Glauben schenkte er Macht, ihm wohl am deutlichsten gegen allen Augenschein, lautlos sollte er Berge versetzen können. Niemand blieb leer aus. So begann das Spiel mit der Macht – abwechslungsreich, aufregend, ein Wettstreit, der nicht zu tadeln war. Denn die Gabe der Macht sollte helfen, das Zusammenleben zu ordnen. Weil sie gut verteilt war und zur Verantwortung zwang, taugte sie als brauchbares Instrument, möglichst gerecht und im Frieden miteinander auszukommen."

Ohnmacht: Gut geredet, Du hast nur das Heikle dieser Gabe verschwiegen. Sie hat ja die unbändige Neigung, sich zu steigern. Der Drang zu wachsen, sich zu vergrößern scheint Dir in die Wiege gelegt. Sieh Dir nur die modernen Demokratien an, nicht einmal sie verhindern kleine und große Diktatoren. So arglos, wie Du es darzustellen suchst, ist das wetteifernde Spiel der Macht jedenfalls nicht. Kommst Du auf den Geschmack, wird es umstandslos zum Ernstfall. Ich weiß, wovon ich rede, Menschen, ganze Völker und auch die Schöpfung leiden darunter.

Macht: Vielleicht muss ich nun doch argumentieren. Dabei wäre es fair, mich erst einmal wertfrei zu behandeln. Es ist ein Vorurteil, mich von vornherein als negativ, gar böse zu begreifen. Nicht meine Existenz ist problematisch. Sondern der Umgang mit mir, also der Gebrauch, genauer der Missbrauch meiner Potenzen.

Ohnmacht: Der aber schwebt nicht im luftleeren Raum. Treffend hat einer der Vorgänger Donald Trumps, Abraham Lincoln dazu bemerkt: „Willst du den Charakter eines Menschen kennen, so gib ihm Macht."

Macht: Jetzt tapp' aber nicht in die Falle, Macht auf die Ebene der Politik oder Herrschaftsformen zu reduzieren – so offenkundig sie dort auch ausgeübt wird. Jede und Jeder hat Macht, sei es in beruflichen oder familiären Bezügen, durch fachliche oder emotionale Intelligenz, innere oder äußere Schönheit. Tränen verfehlen ihre Wirkung ebenso selten wie befreiender Humor. Gerade Du weißt Du es doch: Meine Wirkkraft reicht von subtilem, manchmal unbewusstem Einfluss auf andere bis hin zum Androhen und Ausüben von Gewalt. Eine Diktatur der Schwachen kann genauso lästig sein wie die Herrschaft des Starken.

Ohnmacht: Leider ja. Wer unter solchem gefühltem oder tatsächlichem Machtmissbrauch zu leiden hat, wird meinen Dauerseufzer teilen: Was hat sich Gott nur gedacht, als er den Menschen geschaffen und mit Macht begabt hat?

Macht: Offensichtlich hat es ihm gefallen, sich selber in seiner Macht zu begrenzen. Indem er seinen Geschöpfen die Freiheit des Gestaltens gab, hat er sich ein Gegenüber im Machtgebrauch gegeben, das eben auch sein Unwesen treiben kann.

Ohnmacht: Aber nicht muss! Du bist schon wieder dabei, mich mit Deinem arroganten Gehabe zu nerven …

Teil III

Im Herbst

Zehn gute Gründe für Schwermut im Alter

1. Das Haus, das mich beherbergt, ist aus Erfahrungen und Einsichten gebaut, deren Bauzeichnungen sich in Vorträgen, Predigten und Tagebüchern finden. Aber niemand wird hier einziehen.

2. Der Realitätsverlust im Alter ist wie das Stehen auf dem Dach meines Hauses im Dunst: Hinaufgestiegen, die Leiter verschwunden. Verloren sehe ich Garten und Umland wie im Nebel.

3. Körper und Geist tüchtig zu halten, ist wie das Laufen auf einer Rolltreppe gegen die Fahrtrichtung. Jedes Nachlassen versetzt an den Anfang zurück.

4. Im Unterschied zu den Allmachtphantasien eines Kindes weiß ich, dass ich dem reizenden Wunsch nach Leidenschaft und Herausforderung nicht mehr gewachsen bin.

5. Glück ist eine Fontäne, die ohne die Fänge der Gravitation überschüssig und albern macht. Je dauerhafter es ist, umso reizloser für Auge und Gemüt.

6. Neue Perspektiven in biblischen Texten zu entwickeln, ist ebenso anstrengend, wie religiösen Zweifeln mit Streitlust zu begegnen.

7. Heiterkeit gleicht der Kunst des Marionettenspielers, der schlaffe Körperteile tanzen lässt.

8. Woher die Neigung, alles zu verändern und selbst das Glück zu destruieren? Soll hinter der Zerstörung des Instabilen das Stabile sichtbar werden? Kaum zu glauben.

9. Das Versinken erarbeiteten Wissens nimmt auch ein Stück der Seele mit. Wer hält da eigentlich auf der Brücke aus?

10. Die Grenze zwischen Innen und Außen wird dichter. Lokal immer mehr Drinnen, sozial immer mehr Draußen.

Zehn gute Gründe gegen Schwermut im Alter

1. Es geht weiter.

2. Die schönste Ostergeschichte ist eine Abendgeschichte.

3. Stille ist keine Bedrohung mehr.

4. Ich bin nicht kinderlos.

5. Weisheit, die sich nicht mit gescheitem Scharfsinn und praktischer Lebensklugheit messen lassen muss.

6. Krisen, die so aus den Angeln heben, dass die Fundamente sichtbar werden.

7. Muskeln der Geduld, in anderen Zusammenhängen schon antrainiert.

8. Die unglaubliche Gabe, sich an das Verrückteste zu gewöhnen. (Zum Beispiel auch daran, dass keiner etwas von mir will. Geschieht das dennoch, erschrickt man zu Tode – oder Leben)

9. Was zu verlieren lohnt: Neid auf die Jungen. Prinzipielle Skepsis gegenüber Neuem. Häme gegenüber dem Misslingen.

10. Was zu behalten lohnt: Betrachten statt Trachten. Ergriffensein statt Ergreifen. Die stille Wirkung der Haltung statt aufgeregter Aktionen.

Der Zeitgenosse. Und ein Reisebericht

Unerwartet heiß war der August, träge tropften die Tage dahin. Gleichmütig nahm der alte Mann ihr Gleichmaß hin, den blauen Himmel, die schwere Reife des Sommers, nicht bedrückt, auch nicht erhebend. Lange schon war er unterwegs, sieben Jahrzehnte, viele der Sommer verblassten allmählich in der Erinnerung, nur einzelne Bilder waren erstaunlich präsent. Beweglich noch, fehlte ihm jedoch der Schwung. Dabei war er nicht unglücklich, nicht niedergeschlagen wie oft schon, aber die Freude schien ihm verloren. Nur im Zusammensein mit anderen war er heiter, wirkte frisch und gespannt. Allein indessen legte sich zuweilen eine seltsame Langeweile auf die Seele, deren sanfter Druck ein leichtes Weh erzeugte. Er wusste wohl, dass Langeweile kein Ausdruck fehlender Arbeit, sondern abwesender Emotionen war. Aber dieser Zustand war ihm lieber als Aufgaben anzupacken, die ohnehin keiner mehr von ihm erwartete. Wozu auch neue Ziele erkunden, lesen, schreiben, lernen, Kontakte knüpfen oder am Leben halten? Sicher war er sich aber keineswegs, ob die Antwortlosigkeit der fehlenden Freude am Leben geschuldet war, seiner Neigung zur Melancholie – oder einem nüchternen Realismus im Blick auf sein tatsächliches Vermögen. Irgendwie war die ausbleibende Neugier entlastend, verstärkte aber auch die Ermüdung.

Also gestimmt, wurde ihm ein Reisebericht in mancher Hinsicht zum herbstlichen Gleichnis. Zwei Freunde, acht Tage durch Ostpreußen und weiter auf dem Rad, den Nordosten des heutigen Polen derart erfahren:

Ermland, 8./9. September

Abgeerntete Felder ziehen sich wie braun gemusterte Teppiche über sanfte Wölbungen, bald steigen sie aus versteckten Senken wieder auf. Zwischen den hellen Stoppeln zeigt der rotbraune Grundmoränenboden seine Krumen. Starker Wind kämmt die Büsche an den Rainen nach Osten, auf der Straße hopsen Eicheln. Jahrhunderte alte Bebauung taucht aus den Tälern auf, manchmal grüßt sie fern schon vom Hügel. Wehranlagen und in deren Mitte gotische Kirchen. Erbaut im 14. Jahrhundert von Deutschen Ritterorden, die zur Christianisierung ins Land geholt wurden. Heute umgeben sie zerstörte Städte, irgendwie planlos durch kleine Ensembles unschöner Neubauten ersetzt. Beklemmend steht die tragische Geschichte Polens vor Augen. In Elblag/Elbing hat man versucht, der zerstörten Stadt ein künstliches Gesicht durch alte Fassaden zu geben; ein Kanal bis Ostróda/Osterode zeigt Touristen, wie preußische Ingenieurkunst Schiffe über fünf Stufen aus dem Wasser hebt und auf einem jeweils höheren Niveau weiterschwimmen lässt. Nach ca. 150 Meter Höhenunterschied verlassen wir das schmale Schiff und wenden uns vom Oberländer-Kanal nach Norden, der Küste zu. Dort, in Frombork/Frauenburg weitet sich der Blick von einer eindrucksvoll renovierten Burg über das Frische Haff zur Nehrung, die noch von der Danziger Bucht trennt. Als Nikolaus Kopernikus hier im Alter seinen Forschungen weiter nachging, war der Wasserweg dorthin wohl visafrei, heute müsste man durch die naheliegende russische Enklave um Kaliningrad/Königsberg, um die Ostsee zu erreichen. Im Hauptturm erinnert ein Foucault'sches Pendel an die enormen wissenschaftlichen Entdeckungen, die hier, im Norden des heutigen Polens, erbracht wurden. Ähnlich beeindruckend zeigt sich dem Besucher die mittelalterliche Burganlage mit barock gestalteter Vorburg in Lidzbark Warmiński/Heilsberg, die wir über die weniger anschaulichen Städtchen Braniewo/Braunsberg und Pieniężno/Mehlsack erreichen.

Oft sann er der Frage nach, warum sich viele seiner Freunde und Bekannten schwer tun mit dem Altern, manche gar sich wie Ertrinkende an das Leben klammern. Er bildete sich ein, bereit zum Sterben zu sein und keine strapaziösen Therapie-Maßnahmen auf sich nehmen zu wollen, wusste aber nicht, ob der Ernstfall das Blatt wenden würde. Auch ihm war klar, dass der eigentliche Wert vieler Dinge erst dann hervortritt, wenn ihr Verlust greifbar vor Augen steht. Den Segen der Gesundheit lernt man im Krankenhaus, Frühlingsträume blühen im November. Manchmal, nicht nur auf Friedhöfen, auf denen das Immergrün am prächtigsten gedeiht, ertappte er sich bei dem Gedanken, vom Tode gezeichnete Menschen seien eigentlich zu beneiden. Auch hier wusste er nicht zu unterscheiden, ob ein baldiger

Abschied von noch intaktem Körper und Geist blanker Narzismus, oder ob er tatsächlich lebenssatt, im besten Sinne erfüllt und müde von einem ereignisreichen Leben war. Aufgerichtet hatte ihn immer das Spiel mit den eigenen Gaben vor einem aufmerksam agierenden Gegenüber. Aber diese korrespondierende Weise der Anregung schien aus seinem Leben zu weichen wie die allmähliche Drosselung des Stromes durch einen Transformator. Solches langsame Vergehen beunruhigte ihn nicht. Es entsprach einem Bild, das ihn lange schon begleitet: Von einer gemeinsamen Gratwanderung kommend, wandert sein Freund talabwärts. Weit voraus, immer kleiner werdend, in der stillen Abendsonne hier und da zwischen Buschwerk dem Auge entzogen.

Masuren, 10./11. September

Mehr und mehr winden sich jenseits der Asphaltstraßen sandige Feldstraßen zwischen kleinen vereinzelten Anwesen. Ausgedehnte Wälder wechseln mit großen Feldflächen, die auf ehemalige Kolchosen deuten. Knochige Baumalleen zeugen von alten Verbindungen zwischen Dörfern, deren einzige Straße noch mit runden Feldsteinen gepflastert ist. Hin und wieder alte Dorfkirchen, deren Fenster und Türme schöne Backsteinmuster zieren. Schon von weitem winkt die hochgelegene Bastion der kompakten Ordensburg von Reszel/Rössel. Auch hier und da die Städte zerstört und nur stellenweise einladend wieder hergestellt.

Unweit beieinander machen zwei Klosteranlagen polnischen Katholizismus augenscheinlich. Beides Wallfahrtskirchen, die eine (Stoczek), zurückgezogen, keusch wie eine Jungfrau, duckt sich still hinter einer hohen Mauer inmitten ländlicher Fluren und Wälder. Vier Jahre hat sie einen vom staatlichen Regime inhaftierten Bischof (und späteren Kardinal) beherbergen müssen. Die andere (Swieta Lipka/Heilige Linde) aufdringlich die Augen auf sich ziehend, schrill in barockem Rosa hinter goldbewährten Toren. Beide beeindrucken durch ein filigranes, mit vielen Figuren besetztes Orgel-Prospekt. Während das eine lautlos sich seiner eigenen Wirkung überlässt, bewegt auf dem anderen das Spielen der Orgel vergoldete Engel mit ihren Posaunen, Putten-Arme schwingen Glöckchen und Zimbelsterne drehen albern wie Propeller.

Im morgendlichen Sonnenlicht fahren wir von Kętrzyn/Rastenburg neben der Bahnlinie ostwärts. Große Plakate säumen die bald von Wald umgebene Straße und weisen auf unser Ziel, die Wolfsschanze. Der wie in einem Park angelegte Umgang ist noch menschenleer, einzelne Sonnenstrahlen durchbrechen den hohen Mischwald. Wie grau schimmernde Pyramiden tauchen alte Bunker zwischen den Bäumen auf, märchenartig verwunschen durch grünen Moosbewuchs. Kleine Lesetafeln klären in Polnisch, Deutsch und Englisch über die grauenvolle Geschichte einzelner Gebäude auf. Hitler hat in seinem ca. 30 x 50 Meter messendem Bunker nur zwölf Tage verbracht, die Bauzeit der doppelwandigen Betonschalen betrug vier Jahre. Ich bin erstaunt, wie sich nackter Beton im Verfall zu Sandsteingebilden verwandelt. Würden nicht stählerne

Bewährungen wie rostige Würmer hin und wieder aus den morbiden Frakturen ragen, hätte man an manchen Stellen den Eindruck, Formationen aus dem Elbsandsteingebirge vor sich zu haben.

Kaum dreißig Kilometer weiter Sztynort/Steinort, das barocke Schloss der Familie von Lehndorf. Geschundenen Antlitzes sieht das Gutsschloss noch immer still auf einen See, in dem moderne Jachten vor musikbeschallten Freiluftkaffees ankern. Die Wiederherstellung durch eine deutsch-polnische Stiftung scheint seit Jahren zu stagnieren. Welch unterschiedliche und doch untrennbar ineinander verwachsene Geschichte; das Führerhauptquartier und der Sitz der Grafen von Lehndorf, deren Letzter 1944 als Attentatsbeteiligter hingerichtet wurde. Über 300 Jahre alte Alleen knorriger Eichen führen zum Schloss wie zu einem kleinen Friedhof, in dessen Mitte das zerstörte Mausoleum der Familie von Lehndorf steht. Während das Dach bereits unter der Obhut der Dresdener TU saniert ist, starren die rohen Ziegelwände der gewölbten Gruft-Nischen wie leere Augen auf das hereinfallende Sonnenlicht. Auf dem Weg dorthin wechselt erschrocken ein Elch mit seinem Jungen in das Birkendickicht. Unter diesen Eindrücken führt der Weg schließlich in den nördlichsten Zipfel Ostpreußens, 40 Kilometer ein gerader, stillgelegter Bahndamm bis Goldap, nahe der russischen Grenze.

Manchmal geschah es aber auch, dass sich das Gefühl endgültiger Abschiede ungerufen und heftig Bahn brach. Eruptiv, die Schwelle zum Nimmerwiedersehen spürend, trieb es ihm dann Tränen in die Augen. Bald aber verliefen sich solche Erschütterungen, als hätten sie keinen Anhalt in seinem Alltag. Wie ein Schleier legte sich der stetige Fortgang der Zeit über die Risse in seinem Gemüt. Kaum vermochte er zu unterscheiden, wem der größere Realismus zukomme, den Tagträumen oder den laufenden Aufgaben und Gesprächen mit anderen. Deren hatte er noch viele. Immer mal wieder wurde er gebeten, seiner Profession nachzukommen, Lücken zu füllen, Anregungen zu geben. Aber er spürte, wie die scheinbar feste Verankerung seiner Tür zum Leben schwächer wurde, brüchig, gleich einem alten Buch, dessen Seiten sich über die Jahre unmerklich aus der Bindung lösten.

Gelegentlich wurde er gefragt, ob er aus seinem Erfahrungsschatz etwas festhalten, aufschreiben würde. Dieser Frage nachgehend, hatte er den Eindruck, weder Neues noch Interessantes erzählen zu können. Er gehörte nicht zu den Exzentrikern, den Abenteurern oder von furchtbaren Brüchen Geschlagenen, aus deren Wunden charismatische Kräfte wuchsen. Oft hatte er an einer Mittelmäßigkeit gelitten, die ihn unauffällig hielt und auch schützte. Nur langsam hatte er gelernt, dass ein ausgewogenes Mittelmaß keine Schwäche ist, sondern eine Stärke, die auch erarbeitet sein will. Denn offensichtlich hat das Mittelmaß zu tun mit der Suche nach einem ruhenden Schwerpunkt, der Balancen zu halten imstande ist.

Suwałki, 12.13. September

Dünn besiedeltes Land, milchiger Dunst liegt in der lauen Atmosphäre. Reifende Hagebutten durchsetzen die sich noch wenig verfärbenden Blätter mit belebenden Farbtupfern. Die Ahnung der schnurgeraden russischen Grenze irgendwo im Wald verstärkt das Gefühl, auf das Ende der Welt zuzufahren. Niemandsland, trocken duftet die warme Herbstluft. Immer wieder säumen Gräber deutscher, polnischer und russischer Soldaten die Straße, während des ersten Weltkrieges waren die Russen schon einmal besitzergreifend in Ostpreußen eingefallen. Im Dreiländereck fällt der Blick plötzlich auf zwei verwaiste, einen tiefen Taleinschnitt überspannende Brücken. Verwitterte Zwillinge, gleislos, einst von Preußen bei Stańczyki/Staatshausen errichtet, um bis nach Memel zu rangieren, heute wenig emphatisch als Tourismusmagnet eingerichtet. Nun südlich gewandt, führt unser Weg durch mehrere Naturschutzgebiete, die Landschaft ist bergig, abwechslungsreich, später lieblich gewellt, mental nach Litauen gerichtet, das im 18. Jahrhundert eine Union mit Polen gebildet hatte. Auf einem Bergzug wird zum Abfahrts-Ski eingeladen. Nähert man sich der Hauptstadt der Region, Suwałki/Suleiken, zeigt sie sich zunächst als polnische Neubaugroßstadt. Erst der alte Stadtkern im Süden entfaltet mit seinen einstöckigen Häuserzeilen einen eigenen Charme. Ob Siegried Lenz in seinen Masurischen Geschichten „So zärtlich war Suleyken“ auch diese Stadt im Blick hatte, ergründen wir nicht, wenden uns auch weiter nach Süden, wo wir inmitten eines seenreichen Naherho-

lungszentrums auf ein ehemaliges Kamaldulenserkloster stoßen. Wigry, geadelt durch einen Besuch Papst Johannes Paul II., der dort offenbar Jugendeindrücke suchte, beziehen wir Quartier. Die untergehende Sonne färbt das Licht über den tiefer gelegenen Seen ins Violette.

Im Ganzen war auch er Kind seiner Zeit. Sensibel zwar, wusste er von Kriegen, blutigen Opfern und baulichen Zerstörungen nur durch schulische oder mediale Vermittlung. Die Geschichte seiner Nation bedenkend, kam er sich rückblickend vor wie Adlige im 18. Jahrhundert, gut ausgestattet, abgesichert, wach die Veränderungen um sich herum beobachtend. Die einzige Revolution, die er selber erlebt hatte, war trotz aller Ängste und Umstürze eine friedliche. Eben diese Erfahrung verstärkte das tief in ihm ruhende Empfinden, nahezu alle Konflikte könnten gewaltfrei gelöst werden. Schließlich gehörte er einer Generation an, die bislang die längste Friedenszeit in Deutschland erlebt und das als eine Art Normalzustand verinnerlicht hatte. War das eine naive Generation, eine Generation, die nicht kämpfen gelernt hatte, weil spätestens 1989 das Moderieren ihr Thema wurde? Oder war nur er selber zeitlebens irgendwie naiv geblieben? Denn so wenig vergleichbar sein Aufwachsen mit der im Nachbarland um Freiheit von Bürokratie und Bevormundung kämpfenden Generation war, die diffizilen Auseinandersetzungen mit der ihn umfangenden Diktatur hatten ihn nicht grundsätzlich zu einem misstrauischen Menschen werden lassen.

Auch in religiösen Fragen empfand er sich irgendwie dazwischen. Nicht mehr so fromm wie die Elterngeneration, aber auch nicht so unbehaust wie die der Kinder. Was also würde bleiben, was gäbe es noch zu erzählen, wenn er mitsamt seiner Alterskohorte leise verschwinden würde? Dass ihm nichts einfiel, war irritierend, entspannte ihn aber auch.

Podlaskie (Podlachien = Unter dem Wald)
14./15. September

Augustów, schon auf der Höhe Weissrusslands, mutet mit seinen meist einstöckigen Häuserzeilen ähnlich an wie Suwałki. Auch hier stehen vor den katholischen Kirchen viele Menschen, die den nach außen übertragenen Gottesdienst mitfeiern, weil die Messen überfüllt sind, womöglich auch aus Vorsicht hinsichtlich der Pandemie. Man spürt die Nähe Masurens, aber auch den permanenten Wechsel der Geschichte. 1795, bis zur 3. Teilung Polens, waren die Gebiete um Suwałki und Augustów polnisch, 1807 durch Napoleonische Truppen besetzt, wurden sie 1815 Teil des Russischen Reiches. Um preußischen Zoll zu umgehen, bauten Polen 30 Jahre darauf den wie eine Ader die weite Landschaft markierenden Kanał Augustowski/Augustów-Kanal, der dann Ostpreußen mit dem Russischen Reich verband. Alte Staustufen und Schleusen zeugen noch von dem alten Schiffsweg, ehe er sich langsam nur noch durch flache Landschaft schlängelt. Flankiert von einem menschenleeren Nationalpark fahren wir über zehn Kilometer schnurgerade Straßen oder aufgeschüttete Sandwege am Ufer des sich im Schilf verlierenden Flüsschens Biebrza. Eben wie ein Schachbrett liegt das weite Land vor und neben uns. Die ersten Holzhäuser tauchen auf, wenige alte Einwohner, die wir zwischen den Feldern auf einem klapprigen Rad ins Nachbardorf überholen. Quartier finden wir in einem kleinen Städtchen, Goniądz, das Tagungshotel hat seine Terrassen bis in das schilfbewachsene Sumpfufer hinein gebaut.

Am Morgen weht immer wieder der Duft des taubesetzten Heus über die Straßen, die oft rasenden Verkehr nach Bialystok schleussen. Die Felder werden kleiner, hier haben sich die Bauern erfolgreich gegen die Kollektivierung zur Wehr gesetzt. Immer wieder sehen wir Felder, auf denen die Kartoffeln noch von Familien und Nachbarn mit der Hand gelesen werden, Maschinen, viele kleine Traktoren, wie wir sie aus Kindertagen kennen, aber auch Großbauern gibt es. Wir werden in Michalowo erwartet, Familienbande reichen so weit und erhellen die Innensicht. Hinter Bialystok mehren sich die Dörfer, die nur noch eine orthodoxe Kirche haben. Ein neuerbautes Kloster, später goldglänzende Zwiebelkuppeln erheben sich zwischen Feldern, sogar eine als Holzhaus errichtete Moschee in einer ehemaligen Tatarensiedlung findet sich nahe der weißrussischen Grenze. Unbeeindruckt von ihr springt eine riesige Hirschkuh vor uns über die Straße. Überrascht von der kulturellen und konfessionellen Vielfalt im katholischen Polen nahe der ja auch willkürlich gezogenen Grenze entdecken wir in Krynki die Ruinen dreier alter Synagogen. Der schwer zu findende verwahrloste jüdische

Friedhof zeugt von der einstmaligen Mehrheit der Bewohner, aber auch von der Abneigung der Polen gegenüber dieser Vergangenheit. Noch einmal ein stattliches orthodoxes Kloster in anmutiger Landschaft, Suprasl, ich habe immer noch die wunderbaren Gesänge einer orthodoxen Beerdigung in einer Landgemeinde im Ohr. Langsam dämmert es, als wir in der adretten und lebendigen Innenstadt Bialystoks nach dem Besuch des Schlossparkes ein letztes Bier genießen. Auf dem Bahnhof zählen wir 770 Kilometer, dann fahren wir in die Nacht hinein.

Weiter geht es in den Herbst. Auch der schien irgendwo dazwischen. Die erhoffte Rückkehr in die alte Normalität stellte sich nicht ein. Wie ein Tsunami hatte die Pandemie alle Bereiche des Lebens überschwemmt und für ein paar Wochen still gelegt. Ob sich diese Welle wiederholen würde, stand dahin. Indessen blieben viele Wasserlachen stehen wie unter nicht nachlassendem Regen. Besonders auf den Feldern der Kultur klafften Lücken, die vorerst nicht geschlossen werden konnten. Weiträumig also musste er seinen Weg suchen. Begegnungen blieben sparsamer. Aber der Blick weitete sich. Er nahm nicht nur wahr, wie viel differenzierter man mit neuen Infektionsherden umzugehen gelernt hatte. Mehr noch überraschte ihn die Kreativität vieler Zeitgenossen. So ging er seinen Weg in Erwartung einer Wendung. Gleich der Wintersonnenwende würde stillgelegtes Leben erwachend sich die Augen reiben.

Nähe und Distanz.
Zwei Lehrstücke über die Liebe

Er war gern allein. Wusste aber auch: Einsamkeit ist nur so lange schön, als es jemanden gibt, dem man sagen kann: Einsamkeit ist schön. Beständig waren ihm nur die Wechselfälle der Gestimmtheiten. Die Augenblicke glücklichen Alleinseins gerieten ebenso flüchtig wie die des erfüllten Zusammenseins. Dieser Zwiespalt machte ihm zu schaffen. Auch gab ihm zu denken, dass Menschen es nicht schaffen, eine anfängliche Liebe lebenslang zu erhalten. Sollten tatsächlich jene Träume die besten sein, die nicht in Erfüllung gehen? Dass Erträumtes bei allzu naher Bekanntschaft im Handumdrehen zur Last werden kann, kannte er.

Umso erstaunter nahm er wahr, wie ungebrochen Hochzeiten gefeiert und das Hohe Lied der Liebe gesungen wurde. Als ob es wahr wäre, was dort behauptet wird: „Stärker als der Tod ist die Liebe“. Auch Paulus pries die Liebe, größer noch als Glaube und Hoffnung, bleibend auch dann noch, wenn alles vergeht. Älter werdend, ließ ihn diese Euphorie eher skeptisch zurück.

Derartige Empfindungen im Herzen, klopfte er an eine ihm nahe Tür. Er mochte die Gespräche mit dem Theologen, die umstandslos ins Zentrum führten.

Je mehr wir freigesetzt würden aus Traditionen, Konventionen und sozialen Nestern, umso mehr wachse die Verheißung der Partnerschaft, entgegnete der Freund, der seit einigen Jahren getrennt lebte. Obwohl die neueren Sozialwissenschaften durchaus Erhellendes böten, wundere er sich über die Kraft, die auch ihn immer wieder in die Zweisamkeit trieb. Taugten vielleicht die urwüchsigen Mythen mehr zur Erhellung der Dynamik anziehender wie abstoßender Empfindungen?

„Du verwendest den Plural?“ „Ja, alle Kulturen haben ihre Schöpfungsgeschichten. Hierzulande sind wir geprägt von der aus dem ersten Buch des Mose, die mich noch immer schwärmen lässt, vor allem aber nachdenklich macht. Dort wird ja ein Paradies vor Augen gestellt, dessen Ausganglage besser nicht sein kann: Zwei, die alles haben. Alles, was man zum Glücklichsein braucht. Gott, so wird umständlich und detailverliebt erzählt, richtet einen Garten ein, dazu ein Bewässerungssystem, alles wird dem aus Erde geformten Menschen zur Pflege übergeben. Nur vom Baum der Erkenntnis soll er nicht essen. Als Gott dann feststellt, dass ihm das Alleinsein zu langweilig wird, schafft er die Tiere. Damit fordert er den Menschen auch intellektuell: Namen geben, unterscheiden, definieren soll er lernen. ‚Aber für den Menschen wurde keine Hilfe gefunden, die ihm entsprach‘. Weil Gott das einsah, schafft er aus dem Inneren des ersten Menschen einen zweiten. Der erkennt ihn sofort als Seinesgleichen. Hierarchien gibt es nicht. Die Hilfe ist keine Haushälterin, sondern ein Gegenüber, Gegenpart. Freilich in paradiesischer Unbefangenheit: ‚Beide waren nackt und schämten sich nicht‘. Indes wollen sie wieder ‚ein Fleisch werden‘, die ursprüngliche Einheit zurückgewinnen. Dieser Drang zueinander lässt Vater und Mutter hinter sich. Oft frage ich mich, wieso dieses Bild langweilig erscheint. Anspruchslos ist es auch nicht. Kein dumpfes Schlemmerparadies, der Mensch soll ja denken, arbeiten, ordnen, und zwar auskömmlich, ohne Erwerbsarbeit das Resultat seiner Mühe genießend, zweisam. All das ist Ergebnis rührender Fürsorge. Gott sieht, dass Gartenarbeit allein nicht glücklich macht. Überhaupt ist Alleinsein nicht gut. Jedenfalls nicht auf Dauer. Es schmerzt. Einsam ist der Mensch auch hilflos. Darum schafft ihm Gott ein Gegenüber."

„Deine Erfahrungen sind andere, meine auch. Die sanften und gewaltsamen Lieblosigkeiten, das abgrundtiefe Spiel mit dem Bösen – strafen sie diese Idylle nicht Lüge?"

„Eben das versucht der Fortgang der Erzählung zu erklären. Auslöser, Du kennst das, ist die raffinierte Argumentation eines Geschöpfes Gottes, der Schlange. Die Fähigkeit zu brennender Liebe stellt sie aber ebenso wenig infrage wie das Verlöschen ihrer Glut eine Folge der Vertreibung aus diesem Paradies wäre. Übrigens: Was den Drang zueinander betrifft, kennt der griechische Mythos eine interessante Nuance: ‚über dem Begehren zusammenzuwachsen starben sie aus Hunger und sonstiger Fahrlässigkeit, weil sie nichts getrennt voneinander tun wollten.' Vielleicht war das auch eines meiner Probleme … Jedenfalls muss Zeus, der Göttervater, deshalb noch einmal nachbessern. Großartig erzählt im Dialog Symposion des Platon. Er stellt den ursprünglichen Menschen dreigeschlechtlich vor, rund wie eine Kugel, mannweiblich, männlich und weiblich all in einem. ‚Wie die Radschlagenden konnte er sich sehr schnell im Kreise fortbewegen'. Potent und ausgelassen tollt er so durch die Gegend, dass Zeus fürchtet, in ihrem Übermut könnten sich ‚die Menschen einen Zugang zum Himmel bahnen'. Den Rat der Götter einholend, will er sie nicht töten, aber schwächen. Also zerschneidet er sie wie eine Frucht. Nunmehr hälftig, die Wunde am Nabel vernäht, suchen sie ihr verlorenes Gegenüber. Ob gleich- oder gegengeschlechtlich hängt von der Disposition ab, die die Trennung hinterließ. Fazit: ‚Von so langem her also ist die Liebe zueinander den Menschen angeboren, um die ursprüngliche Natur wiederherzustellen, und versucht aus zweien eins zu machen und die menschliche Natur zu heilen'.

Gleichsam als Erinnerung an diese Amputation zum Single hat dieses Empfinden in der Antike seinen Ausdruck in einem schönen Brauch gefunden. Verließ ein Mensch das heimatliche Haus für längere Zeit, zerbrach man beim Abschied unter der Tür eine kleine Tontafel. Deren eine Hälfte nahm der Scheidende mit, sozusagen als Mitgift. Bei einer späteren Rückkehr – sollte das Schicksal es fügen – diente sie als Pfand der ursprünglichen Zusammengehörigkeit. Die gebrochene Kante passte ja nur mit einer einzigen anderen Fraktur zusammen. Was mit Platon heißen soll: Jeder Mensch ist immer nur das Teilstück eines ursprünglich Ganzen. Und das empfindet er so schmerzlich, dass er sich immer wieder nach seinem besonderen Passstück sehnt. Der ‚besseren Hälfte', wie es augenzwinkernd, aber nicht immer ganz ehrlich heißt."

Eine Weile sprachen sie noch über den sakralen Charakter der Liebe. Als Ersatzreligion biete sie sich einer säkularen Gesellschaft geradezu an. Gleich dem Glauben an Gott ist sie auf Hingabe aus, jenes exzentrische Sich-Selbst-Verlassen, um sich aus dem Gegenüber neu zu empfangen. Was von Glaube und Hoffnung gesagt werden kann, zeigt die Liebe viel direkter. Im Götterbad sinnlicher Erfahrungen weiß sie um die Unwiderstehlichkeit der Sehnsucht ebenso wie um den Schmerz des Verstoßenwerdens. Sie kennt die Kraft der Beichte und der Absolution, den Kniefall und die Abscheu. Wo von „der Angebeteten“ die Rede war, war das vermutlich selten Kitsch, sondern jenes Stammeln, das keine Klarheit findet: Warum gerade Du und keine andere? Das menschliche Lavieren zwischen Nähe und Distanz, manchmal ein Spießrutenlauf in beiden Richtungen, ist deshalb kein Wunder.

Spät in der Nacht ging er nach Hause, angeregt, nicht nur vom Wein. Auf dem Weg dorthin war ihm zweierlei klar. Seine Frau würde er auch weiterhin nicht „bessere Hälfte“ nennen, schon gar nicht „Angebetete“. Aber sich selbst genug ist er auch nicht. Sondern ergänzungsbedürftig wie die Mythen es beschreiben. Erst recht im Alter, dann, wenn sich gereifte Liebe im Ausgleich von Schwächen und Fehlern bewähren muss. Ohne dieses demütige Wissen wäre er wirklich allein. Heillos einsam. Schwer fiel ihm daher jener Geburtstagsgruß nicht: „Weil alle Geschäfte geschlossen sind, bekommst Du heute einen Gut-Schein über unser Gut-Sein als ein Gut-Haben.“

Nachbemerkung:

Kurz vor der Drucklegung überrollt eine zweite Welle der Pandemie Eruopa und die Welt. Der Rückblick auf das außergewöhnliche Jahr wird also anders ausfallen, als im Sommer noch zu hoffen stand. Hohe Infektionszahlen, das Steigen der Todesfälle über 15 000 haben zu den Entscheidungen geführt, hierzulande den Teillockdown vom 2. November bis auf Weiteres nicht zu lockern, die Weihnachtsferien vorzuverlegen und Begegnungen auch an den Festtagen eingeschränkt zu halten. Der Advent wird also weniger vom lateinischen *adventus* als vom englischen *adventure* geprägt sein. Weihnachten wird einerseits dem nahekommen, was es ursprünglich war – ein Randgeschehen im Wetterwinkel der Weltgeschichte. Andererseits mögen gerade die Verstörten und Suchenden den Ruf der himmlischen Heerscharen besonders klar bis in das Neue Jahr hinein vernehmen: „Fürchtet euch nicht!“

Dresden im November 2020

Zum Autor

Dr. Peter Meis, 1953 geboren, war nach dem Theologiestudium in Leipzig Pfarrer in der Oberlausitz und Stadtjugendpfarrer in Dresden. Als Professor und Rektor hat er die Fachhochschule für Religionspädagogik und Gemeindediakonie in Moritzburg geleitet, war dann Superintendent an der Kreuzkirche zu Dresden, seit 2011 Oberlandeskirchenrat für theologische Grundsatzfragen und stellvertretender Landesbischof.
Als Autor hat Peter Meis neben vielen Aufsätzen Texte zum Kirchenjahr („Auf der Spur des Lebens“ 2011) und ein Nach-Lesebuch („Unterwegs zu unserer Vergangenheit“ 2019) veröffentlicht.